Alger sous les bombes
de Louis XIV
1661-1698

Historiques
*Collection dirigée par Vincent Laniol
avec Bruno Péquignot et Denis Rolland*

La collection « Historiques » a pour vocation de présenter les recherches les plus récentes en sciences historiques. La collection est ouverte à la diversité des thèmes d'étude et des périodes historiques.

Elle comprend trois séries : la première s'intitulant « travaux » est ouverte aux études respectant une démarche scientifique (l'accent est particulièrement mis sur la recherche universitaire) tandis que la deuxième intitulée « sources » a pour objectif d'éditer des témoignages de contemporains relatifs à des événements d'ampleur historique ou de publier tout texte dont la diffusion enrichira le corpus documentaire de l'historien ; enfin, la troisième, « essais », accueille des textes ayant une forte dimension historique sans pour autant relever d'une démarche académique.

Série Travaux
Dernières parutions

Odon ABBAL, *Les prisonniers de guerre français dans L'Illustration (1914-1919)*, 2023.
Benjamin CHAUVET, *Épurer les derniers collaborateurs à Bordeaux (1946-1948)*, 2023.
Sous la direction de Gilles LE BEGUEC et Jérôme POZZI, *Jean Charbonnel, Un intellectuel gaulliste en politique*, 2023.
Catherine BERTHO LAVENIR, *Anne Marie Palardy, écrire pour vivre*, 2023.
Raphaëlle TACCONE, *Philippote de Bourgogne. La bâtarde du duc Jean sans Peur*, 2023.
Michel GAUTIER, *Du bois pour Paris. Les marchands de bois de Paris XVIIIe et XIXe siècles*, 2023.
Gérard SÉBASTIEN, *Le premier Flic de Lourdes sous l'Occupation, D'après les minutes d'un des procès les plus fournies de l'épuration dans les Hautes-Pyrénées*, 2022.
Hélène PERREL, *Le chanvre plante textile commune. Étude historique en Haute-Loire*, 2022.
Philippe CASASSUS, *Jean-Jacques Rousseau, malade et… médecin*, 2022.

Gérard BUTTOUD

Alger sous les bombes de Louis XIV 1661-1698

Du même auteur

L'expédition d'Alger revisitée 1827-1847, Paris, L'Harmattan, collection « Historiques », série travaux, 2022.

Et si l'expédition d'Alger partie de Toulon en mai 1830 était due à d'autres raisons que celles généralement avancées ?
Une relecture critique des débats parlementaires ainsi que des journaux et brochures du moment amène aujourd'hui à privilégier le contexte international. Il s'agissait d'abord de rehausser la place de la France en Europe. Puisqu'on ne pouvait pas s'étendre en Belgique et vers le Rhin, alors Alger ferait l'affaire. En s'abritant derrière le système de Vienne condamnant l'esclavage, en empêchant du même coup l'Anglais, l'ennemi de toujours, de s'y installer.
Portée au pouvoir un mois après la chute d'Alger par ceux qui s'étaient dit contre, la monarchie de Juillet décidait ensuite d'y rester, pour ne pas reculer et perdre la face, mais aussi parce qu'en fait, c'était l'armée qui sur place décidait seule. Et lorsqu'on choisirait en 1840 d'en faire par tous les moyens la conquête « totale », ce serait encore sous l'effet de considérations internationales, pour compenser un affront diplomatique au Levant.
A Alger, même sans savoir comment on pourrait y faire colonie, la France y allait pour s'y mettre. Dès le début.

© 2023, L'Harmattan
5-7, rue de l'École-Polytechnique – 75005 Paris
www.editions-harmattan.fr
ISBN : 978-2-14-032778-0
EAN : 9782140327780

Punir la régence d'Alger

L'expédition d'Alger de juin 1830, qui marque le début de la colonisation française de l'Algérie, n'était pas la première intervention contre la ville blanche. Celle-ci avait en effet subi, depuis le début du XVIIe siècle, des attaques récurrentes, au bas mot une cinquantaine (c'est-à-dire une tous les quatre ans en moyenne sur toute la période), de la part entre autres des Espagnols, des Hollandais, des Anglais, des Américains même, et donc aussi des Français qui l'avaient bombardée à plusieurs reprises sous le règne de Louis XIV.

A Alger, l'Etat - car il y en avait bien un, contrairement à ce qu'ont prétendu de nombreux historiens français - ne vivait pas que de l'exploitation des ressources (essentiellement les taxes sur l'exportation des grains et la récolte du corail). L'impôt prélevé sur les tribus, et surtout le pillage des navires marchands espagnols puis bientôt de tous pays européens, fournissaient le plus gros de ses revenus.

Assimilant tous les « infidèles » à des ennemis, le régime d'Alger, affidé en principe plus que dans les faits à la Sublime Porte, s'était arrogé en Méditerranée occidentale le droit de course à tout bâtiment battant pavillon autre que le croissant. Et il y en avait certes beaucoup, des espagnols aux français (notamment marseillais), en passant par ceux du duché de Toscane (dont Livourne était le grand port) et ceux des chevaliers de Malte, chargés par le Vatican de la défense des chrétiens. Encore était-ce sans compter les Anglais, dont la flotte avait la prétention de faire la police de la mer ici comme ailleurs, et qui allaient poser leurs pénates à Gibraltar, à la porte de la Méditerranée, dans l'idée de contrôler tout ce qui y entrait et en sortait. Sans oublier les Provinces-Unies, qui s'affirmaient alors comme une grande puissance maritime.

La plupart des attaques « barbaresques » subies par ces commerçants étaient le fait de chébecs, navires à deux mâts petits et maniables venant d'Alger, où était installé depuis 1530 et les fameux frères Barberousse, un régime qui dépendait fortement de la course, et où le pouvoir avait fini un moment, au milieu justement du XVIIe siècle, par appartenir aux capitaines corsaires, les *raïs*, qui la dirigeaient. A en croire les marchands européens qui se déclaraient périodiquement razziés, Alger n'était qu'un « nid de pirates », un foyer de désordres dont il fallait se protéger et chercher même à se débarrasser. C'est du moins ce qui se disait en Espagne, mais aussi en France et plus généralement dans tous les ports européens qui se livraient eux-mêmes à la course.

Tab. 1 - Les attaques documentées d'Alger de 1601 à 1830

date	événement	pays ennemi
1601	Tentative d'Andrettino Doria	Espagne
1603	Tentative du vice-roi de Majorque	Espagne
1610	Bombardement par Mansell	Royaume-Uni
1617	**Tentative de Beaulieu**	**France**
juil. 1620	Bataille navale de Mansell	Royaume-Uni
1621	Expédition de Lambert Verhoer	Pays-Bas
1622	Démonstration devant Alger	Royaume-Uni
déc. 1637	**Attaque par Chastelluz**	**France**
oct. 1640	**Expédition de Montigny**	**France**
1641	**Expédition devant Alger**	**France**
1650	**Tentative du chevalier Paul**	**France**
avril 1655	Démonstration de Montague	Royaume-Uni
mai 1655	Tentative de Blake	Royaume-Uni
1656	**Tentative du chevalier Paul**	**France**
juil. 1661	Démonstration de Lawson	Royaume-Uni
1661	**Démonstration de Beaufort**	**France**
1662	Tentative de Ruyter	Provinces Unies
1662	**Démonstration de Duquesne**	**France**
mai 1665	**Canonnage par Beaufort**	**France**
juin 1668	**Démonstration de Martel**	**France**
1668	Canonnage	Provinces Unies
sept. 1669	Canonnage par Allen	Royaume-Uni
janv. 1670	**Démonstration de Martel**	**France**
mai 1671	Canonnage par Spragge	Royaume-Uni
août 1673	**Démonstration de d'Alméras**	**France**
mars 1679	**Démonstration de Tourville**	**France**
avril 1679	Blocage par Narbrough	Royaume-Uni
	…/…	

.../...		
juil.-sept.1682	**Bombardement par Duquesne**	**France**
juin-juil.1683	**Bombardement par Duquesne**	**France**
déc. 1684	**Démonstration d'Amfréville**	**France**
juin 1685	**Démonstration de Mortemart**	**France**
sept. 1685	**Démonstration de Martel**	**France**
février 1686	**Démonstration de Mortemart**	**France**
août 1686	**Démonstration de Blainville**	**France**
janv. 1687	**Démonstration de Mortemart**	**France**
juil. 1688	**Bombardement par d'Estrées**	**France**
août 1699	Démonstration d'Aylmer	Royaume-Uni
1703	Démonstration de Byng	Royaume-Uni
1749	Canonnage	Royaume-Uni
1767	Canonnage par Angelo Emo	Venise
1767	Blocus par Kaas	Danemark
juil.1770	Canonnage par Kaas	Danemark
1772	Démonstration de Hoogland	Danemark
juin-juil.1775	Tentative d'O'Reilly	Espagne
juil.-août 1783	Bombardement par Barcelo	Espagne
juil. 1784	Bombardement par Barcelo	Espagne
mai 1804	Bombardement par Nelson	Royaume-Uni
1814	Démonstration de Decatur	Etats-Unis
juin 1815	Victoire navale devant Alger	Etats-Unis
août 1816	Bombardement par Exmouth	Royaume-Uni
1824	Bombardement par Neel	Royaume-Uni
1827	**Blocus**	**France**
juin-juil. 1830	**Expédition française**	**France**

en gras les démonstrations et attaques françaises

Tous ceux qui avaient à se plaindre des attaques des Barbaresques ont donc conduit contre la ville blanche des expéditions punitives visant à montrer leur force et à détruire les installations, sinon les institutions, de la course (*cf.* Tab. 1).

Il ne s'agissait la plupart du temps que de figuration, la flotte des attaquants stationnant devant la rade d'Alger et tirant en direction de la ville. Certaines démonstrations, y compris celles conduites par la France sous les règnes de Louis XIII et Louis XIV, ne tiraient même pas. Il faut dire que les quelques tentatives de débarquement, toutes espagnoles, de celles de Charles-Quint en 1541 et 1543, à celle d'O'Reilly en 1775, s'étaient soldées à chaque fois par une cuisante défaite des assaillants, pour ne pas dire un désastre militaire. Quant aux semblants d'invasion d'opérette menés par le chevalier Paul en 1650 et 1660, on a du mal à les prendre au sérieux compte tenu du déséquilibre des forces en présence et du caractère fanfaron de son chef.

Et tous de penser effrayer les corsaires d'Alger en envoyant des bateaux de guerre devant la ville et à distance suffisante, tirer en direction du port des salves de boulets dont une bonne partie tombait dans l'eau. En bref et pour à peine caricaturer, Alger est restée pendant plus de deux siècles sous les bombes des autres.

A ces abordages barbaresques en Méditerranée occidentale, les navires marchands français, sans en être pour autant totalement protégés, n'étaient pas les plus soumis. En comparaison, les Espagnols étaient certainement plus sujets à se faire razzier.

La raison en était que depuis François 1er, la France était - au moins en principe - l'alliée de la Porte, à laquelle Alger était - en principe aussi - soumise. Des sortes de lettres patentes, qu'on appelait les « capitulations », avaient depuis déjà plus d'un siècle été signées par le Grand Seigneur, lequel permettait aux navires battant pavillon français de commercer librement dans la zone. On était en droit de penser que lesdits navires se trouvaient ainsi protégés d'attaques de corsaires venant d'un état vassal de l'Empire ottoman. On pouvait d'autant plus le penser qu'à certains moments, la flotte du *pacha* d'Alger, à l'époque le fameux Barberousse, avait même combattu aux côtés des Français, notamment pour assiéger Nice en 1543.

Mais, en temps et lieu, la géopolitique corsaire devait être plus compliquée, si l'on en croit les commerçants marseillais, lesquels se plaignaient de se voir eux-mêmes attaqués.

D'abord, les chefs d'Alger avaient une certaine tendance, pour ne pas dire une tendance certaine, à s'asseoir sur des accords qu'ils n'avaient pas eux-mêmes signés, et qu'ils n'auraient de toute façon pas signés eux-mêmes. S'abritant derrière le peu d'empressement que mettait la Porte à soutenir la France, ils en concluaient qu'il n'y avait peut-être pas lieu de faire en l'état une exception, à un moment où ils cherchaient tout à la fois à gagner une plus grande autonomie vis-à-vis de Constantinople et à renflouer le trésor de la régence en prenant l'argent là où il se trouvait. En conséquence de quoi il était devenu tout à fait évident, pour ne pas dire légitime, que ces mêmes chefs d'Alger pussent se servir sur les bateaux marseillais, et mettre aussi peu d'empressement à respecter les engagements pris, même ceux auxquels ils avaient formellement souscrit dans les traités qu'ils avaient directement signés lorsqu'il leur prenait de braver la Porte.

Il faut bien comprendre ensuite que les navires français avaient pris l'habitude de prendre à leur bord des marchandises confiées, moyennant finance s'entend, par des chargeurs de nations qui n'étaient pas protégées par une quelconque capitulation ni aucun traité. Ce commerce particulièrement lucratif était bien entendu considéré comme illégal par Alger, qui encourageait ses *raïs* à arrêter les navires en question - même s'ils étaient donc français -, ne fût-ce que pour vérifier l'état de leur cargaison.

De quoi aviver la susceptibilité des négociants marseillais, celle de Colbert, et par ricochet celle de Louis XIV lui-même, qui ne devait pas laisser de telles prétentions entraver le rayonnement de la France, et donc de lui-même, en Méditerranée.

Entre la mort de Mazarin et l'installation complète à Versailles, le roi n'aurait de cesse d'affirmer son pouvoir personnel et son ministre Colbert de développer le commerce maritime national. De 1661 à 1698 au moins, alors même que les fronts se multiplient aux frontières de l'Europe, la flotte française, en cours justement d'étoffement, chercherait, d'une façon ou d'une autre, à faire peur aux corsaires d'Alger. Puisée parmi nombre d'autres au même contenu, cette pensée incidente de l'auteur anonyme d'un violent pamphlet contre l'alliance turque résume bien ce qui se répète en France à propos de ce qu'on appellerait plus tard la « régence » d'Alger :

> « Pour les Rois d'Ellats, de Thunis, & d'Alger ce sont des Pyrates qui n'ont aucune foy ; il faudra leur faire la guerre avec des forces considerables, & les attaquer dans leurs Ports, on pourra les ruïner avec le temps ; & faire soûlever les Princes qui leur sont tributaires[1]. »

En renforçant d'abord la police par des croisières ciblées qui se vantaient d'arrêter des barques et ne cesseraient qu'avec la fin du

---

[1] *La Cour de France turbanisée et les trahisons démasquées*, par M. L.B.D.E.D.E., à Cologne, chez Pierre Marteav, 1686, p. 196.

règne. En tentant ensuite, en 1664, de se doter d'une base militaire sur place, dans un petit port kabyle que les Français appelaient Gigeri (l'actuelle Jijel) et qu'ils ne devaient tenir que trois mois, au prix d'une véritable hécatombe de soldats et de marins. Puis en envoyant, comme ce fut le cas en 1682, 1683 et 1688, des escadres pilonner la basse ville d'Alger, mise ainsi sous le feu répété de bombes, et non plus de simples boulets. Avant d'en revenir aux croisières.

A chaque fois, à vrai dire, sans grand succès. La ville blanche renaîtrait toujours de ses gravas, et la course ne cesserait pas, en tout cas pas pour cette raison.

L'histoire de ce qui fut une véritable guerre franco-algérienne, au demeurant mal connue et déformée par les présentations successives auxquelles elle a donné lieu, s'est trouvée occultée par l'expédition française de 1830. Elle mérite d'être revisitée. C'est l'objet même de cet ouvrage, que de contribuer même modestement à remettre cette sorte d'épopée sur la table, en essayant d'en comprendre les tenants et aboutissants, et au-delà, la logique.

La Ville d'Alger
in : *Description de l'Univers, contenant les differents systêmes du Monde*, par Allain Manesson-Mallet, tome III, figure VIII, à Paris, chez Denys Thierry, 1719

Chapitre 1

A corsaire, corsaire-et-demi

Depuis le début de l'ère moderne, c'est la course qui structure dans le bassin méditerranéen les relations commerciales que tissent entre elles les nations, chrétiennes, d'Europe et celles, musulmanes, d'Afrique du Nord et d'Orient. En Méditerranée occidentale, tout au long du XVIIe siècle, elle fait système, puisque c'est toute l'économie internationale, et jusqu'à la géopolitique, qui se construisent sur les activités corsaires auxquelles tout le monde se livre, à commencer bien sûr par le royaume de France. Et donc pas seulement la régence d'Alger.

La course barbaresque

Qu'on se fie à ce que racontent les gazettes ou qu'on écoute les commerçants de France, le négoce maritime en Méditerranée fournit une proie permanente aux pirates et autres brigands barbaresques de tout poil qui n'ont de cesse d'attaquer les paisibles chrétiens avec pour but avoué d'en faire les esclaves d'Allah.

De Marseille, d'où partent les navires marchands à destination des échelles du Levant mais aussi des ports barbaresques, les récriminations des grands négociants font état d'attaques dont ils sont continuellement l'objet de la part de corsaires avides de se faire un butin de leurs marchandises, mais aussi des hommes qu'ils peuvent y trouver. Et tous de pester contre Alger, ce « repaire de pirates » et d'autres brigands, en oubliant volontiers le sort des Algériens que la course du roi arrête au banc des galères. Une statistique un peu plus fiable que les autres explique alors qu'entre les années 1613 et 1621, les Barbaresques auraient pris 936 navires « chrétiens », dont 273 Français (soit dans les 30 %). Sur 1 340 Français capturés par ceux d'Alger de 1629 et 1634 (soit 223 par an en moyenne), 149 - donc un peu plus de 11 % - s'étaient fait alors musulmans.

Au début du XVIIᵉ siècle, la prise d'esclaves chrétiens est en effet devenue une activité qu'on présente en Europe comme fondatrice de la régence d'Alger.

Il en va de deux raisons.

Une raison d'abord symbolique, celle de la chasse aux infidèles. Les rapports entre chrétiens et musulmans sont alors régis par le souci des deux côtés de faire croisade contre ceux qu'on désigne comme des ennemis de la religion de chacun. Sans être une prescription coranique, cet aspect fondateur de la prise d'esclaves chrétiens est renforcé, en ce qui concerne les relations entre Marseille et Alger, par la présence en Méditerranée occidentale du siège romain de la papauté d'une part, et de celui à La Valette des chevaliers de Malte de l'autre. Ces derniers ont été justement chargés de la lutte contre les Turcs et autres musulmans de la zone, et s'affirment au XVIIᵉ siècle comme de redoutables chasseurs de Barbaresques. De sorte qu'en prenant le plus possible de prisonniers chrétiens qu'elle peut forcer à renier leurs croyances, la flotte corsaire barbaresque, dont celle d'Alger, ferait de son point de vue une œuvre éminemment salutaire, au service de son dieu et de ses hommes.

Mais ce souci religieux n'est sûrement pas, malgré ce qu'ont toujours affirmé les contemporains et les historiens aussi bien français qu'algériens qui ont puisé à ces seules sources, la motivation la plus importante de la course d'Alger. L'objectif de faire prisonnier des infidèles ne doit en aucune façon occulter celui de tirer profit de la revente des prises réalisées par les *raïs*. Pour le dire de façon simple, l'heure est en effet à l'économie du rançonnement.

Prendre un prisonnier chrétien et le mettre en esclavage a donc aussi - et surtout - pour sens de se donner les moyens de le revendre sur un marché qui s'avère florissant dans tous les ports d'Afrique du Nord, d'Alger à Tripoli en passant par Tunis. Les gains financiers réalisés à l'occasion de ces transactions peuvent même être colossaux, sans commune mesure avec les risques encourus, qui restent pour leur part assez faibles. Qu'on soit Français ou Algérien, on s'attachera donc à essayer de prendre le plus de marchandises et d'hommes aux autres. Et on le fera pour tirer profit des prises quelles qu'elles soient, comme si l'économie de vol était la règle du moment.

Il convient quand même d'accueillir avec circonspection les protestations toujours véhémentes des grands négociants marseillais contre ces fameux « barbares » qui chercheraient à transformer leur personnel en esclaves chrétiens. Il faut voir qu'en popularisant l'usage systématique d'une terminologie aussi péjorative pour désigner les corsaires d'Afrique du Nord, les négociants espagnols ou français cherchent plutôt à justifier et finalement entretenir un système de relations fondé sur des actions violentes de type guerrier. En exagérant l'agressivité et la sauvagerie des attaques des autres, on fait passer pour des réponses légitimes l'agressivité et la sauvagerie dont on fait soi-même usage. Les récriminations formulées ici à l'encontre de ceux d'en face sont donc à relativiser fortement.

D'abord, le nombre de prisonniers européens n'est sûrement pas aussi élevé qu'il n'est présenté par ceux fustigeant la « barbarie » de la régence d'Alger. Dans la seconde moitié du XVIIe siècle, on trouve encore nombre d'auteurs qui déclarent sans sourciller qu'ils sont entre 25 et 30 000, alors qu'un comptage approximatif mais mieux fondé que ces estimations en donnerait dans les 5 ou 6 000, pas plus, ce qui n'est déjà pas si mal. Contrairement à ce que les commentaires du moment laissent croire, n'étaient retenus que ceux des hommes pris les armes à la main, les autres étant vite relâchés. Il est certes difficile d'évaluer le nombre des captifs présents à Alger, compte tenu du flux permanent de prises et de libérations. Mais si la prise d'esclaves par les « pirates barbares » d'Alger a bien existé, elle n'a jamais atteint les sommets qu'on voit cités un peu partout en Europe. Et les Français d'entre eux n'ont jamais été 15 000 comme il se disait en 1664, ni même 5 000 comme prétendu en 1683, peut-être dans les 500 pouvant aller jusqu'au millier à la suite des rafles périodiques.

Ensuite, le sort des prisonniers européens, même privés de leur liberté et considérés comme des biens meubles, n'est pas non plus celui que le discours répand dans les gazettes de France. Si l'on excepte la perte de vie de famille, la vie quotidienne de ces captifs n'était pas pire que celle des paysans provençaux que beaucoup d'entre eux avaient été avant leur capture.

Ceux pris pour le service des notables algérois font plutôt figure d'équipement de prestige social, et s'avèrent la plupart du temps bien traités. Ceux qu'on appelle alors les « Maures », qu'on écrit le plus souvent « Mores », c'est-à-dire les Arabes urbains d'Alger dont beaucoup sont venus d'Espagne, ou tout simplement les Turcs, ne répugnent pas à montrer qu'ils ont dans leur domesticité des Français, parfois même de souche élevée ou considérée sur place comme telle. Plus généralement, le statut des « captifs privés », qui ne sont pas toujours utilisés à des tâches ingrates et dont leurs maîtres répugnent toujours à se dessaisir, n'a absolument rien à voir avec l'image, largement véhiculée par un discours partial ou mal informé, d'esclaves traités à force de coups, et vendus à l'encan nus et enchaînés.

Ceux sachant lire et écrire servent le plus souvent de scribes, parfois même d'interprètes. Ceux disposant d'une formation navale, qu'ils soient charpentiers de marine, calfats, pilotes ou tout simplement sous-officiers et guides, sont particulièrement prisés. Ils valent le double (entre 350 et 600 écus - un mulet s'achète en France 30 écus, et un brassier gagne dans les 50 écus par an), et sont régulièrement conservés par les *raïs* comme chefs d'équipe, certains se retrouvant même associés dans le partage des prises. On cite de nombreux exemples de marins européens, pris lors d'abordages, qui étaient devenus eux-mêmes corsaires, après s'être convertis à l'islam. C'est même pour se prémunir contre cette apostasie que les ordres religieux catholiques chargés du rachat (on disait alors de la « rédemption ») des esclaves chrétiens se dépêchaient d'intervenir après chaque prise lorsque ce risque leur apparaissait plus grand que d'ordinaire. Quand même, Delaporte comprendrait bien l'enjeu de la détention de captifs, lui qui ne visiterait pas plus Alger que les autres villes qu'il s'attache à décrire :

> « On a tort de croire en Europe, que les Algériens aient recours aux promesses, aux menaces, aux mauvais traitemens pour déterminer leurs esclaves à embrasser le Mahométisme. Ils redoutent, au contraire, leur apostasie : elle mettroit leurs esclaves hors d'état d'être rachetés par les peres de la Merci, ou leur ôteroit l'envie de se racheter eux-mêmes[2]. »

C'est aussi ce que le père Labat ferait dire au chevalier d'Arvieux, envoyé à Alger faire consul en 1674 :

> « On s'imagine que les Chrestiens qui ont le malheur d'estre esclaves en Barbarie y sont tourmentez d'une manière la-plus-cruelle

---

[2] *Le Voyageur François, ou la Connoissance de l'Ancien & du Nouveau Monde*, mis à jour par M. l'Abbé Delaporte, nouvelle édition, tome premier, à Paris, chez Vincent imprimeur-libraire, 1746, pp. 232-233.

& la plus-inhumaine. Il y a des gens qui, pour exciter la charité des Fideles, débitent avec endurance ces pieux mensonges[3]. »

Il voulait parler bien sûr des pères rédempteurs. Il est clair que ceux d'Alger ne cherchaient pas trop à ce que leurs prisonniers se convertissent à l'islam, plus intéressés qu'ils étaient à s'enrichir en les revendant qu'à s'assurer du paradis éternel. Au plus fort de la traite, il y avait six bagnes à Alger, où les captifs étaient détenus la nuit enchaînés, et chacun comprenait une chapelle chrétienne.

Les plus à plaindre étaient certes ceux, sans compétence ni valeur particulière autre que leur force physique ou au contraire considérés comme des prises hautement stratégiques, qui étaient systématiquement gardées par le *dey*, les premiers pris à moins de 100 écus pour servir de main d'œuvre aux bagnes et aux travaux publics les plus durs, les seconds dans des prisons dorées dont ils ne sortaient pas toujours vivants. Encore que les statistiques nous aient appris que les Français n'étaient pas très nombreux, peut-être guère plus de 400 au milieu du XVIIe siècle sur un total approximatif de trois ou quatre mille, pour la majorité d'entre eux Espagnols et Portugais. Pour les *raïs*, faire plus de captifs que nécessaire pouvait s'avérer du reste contre-productif, la pléthore de main-d'œuvre servile tirant la valeur des reventes à la baisse, tout en augmentant les risques d'insécurité générale.

Il ne faut pas non plus exagérer le nombre des rachats. La plupart des captifs étaient restitués à leurs familles après paiement, par l'Etat royal mais plus souvent par les collectivités locales desquelles ils venaient, de tout ou partie de la rançon, ou après échange avec des Algériens prisonniers en France, à l'occasion des accords de paix scellés périodiquement. Seules les autres transactions, en fait une petite partie, étaient le fait d'ordres religieux, d'abord les Trinitaires (ceux de « l'Ordre de la très sainte Trinité et de la rédemption des captifs ») et accessoirement les Mercédaires (« l'Ordre de Notre-Dame de la Merci » qui assurait l'aumônerie des galères à Marseille), qui s'étaient constitués à l'époque des croisades à cet effet, enfin par les Spiritains de Vincent-de-Paul, formés plus récemment. Ces

---

[3] *Mémoires du Chevalier d'Arvieux, envoyé extraordinaire du Roy à la Porte, Consul d'Alep, d'Alger, de Tripoli & autres Echelles du Levant*, par le R.P. Jean-Baptiste Labat, à Paris, chez Charles-Jean-Baptiste Delespine le Fils, 1735, tome troisième, pp. 457-458.

congrégations étaient censées utiliser la collecte des aumônes à cette seule fin, mais finalement ne délivraient qu'un nombre somme toute limité de ces détenus : pour ne parler que du règne de Louis XIV, peut-être dans les 450 pour les Trinitaires et Mercédaires réunis, un peu plus du millier en tout s'agissant des Spiritains. Ces derniers ont eu beau se voir attribuer la charge du consulat de France à Alger pour favoriser leurs transactions (avec les clercs Barreau de 1640 à 1641, puis Dubourdieu de 1661 à 1666 ; ensuite avec le père Le Vacher de 1666 à 1683), leurs rachats restaient finalement des plus limités comparés aux autres restitutions et échanges. Alors même que la course méditerranéenne était au plus fort, après la rédemption de 1602, il n'y avait plus eu de rachat d'esclave jusqu'en 1635, et la première grande rédemption qui avait suivi datait de 1643. Il faut dire que le conflit interne opposant les Trinitaires dits « chaussés » à ceux « réformés », avait nui fortement à leur mission de rachat des captifs français, jusqu'à leur réconciliation de juin 1659. Dans nombre de cas, les trois ordres s'avéraient de fait plus concurrents que complémentaires.

Curieuse procédure, d'ailleurs, que cette « rédemption », laquelle était visiblement montée en exergue par les gazettes du moment, sans grande correspondance avec la réalité des faits, mais revenait bien, en fin de compte, à cautionner la prise d'esclaves par les autres.

De ces prises d'esclaves, les Français étaient somme toute apparus jusqu'au premier tiers du XVIIe comme relativement protégés. Contrairement aux autres nations européennes, la France avait reçu de la Porte des sortes de lettres patentes, les fameuses « capitulations », aux termes desquels était affirmée et périodiquement rappelée l'interdiction mutuelle de s'attaquer. A l'époque de l'offensive turque contre l'empire des Habsbourg, ces arrangements pris par les Valois avaient fait forte impression en Europe, où beaucoup les jugeaient contre-nature. Mais avaient-ils quelque valeur aux yeux des *raïs* qui vivaient justement des prises corsaires ? Pouvaient-ils servir de parapluie contre les prises d'esclaves chrétiens, alors même que les traités passés directement avec le pouvoir à Alger n'étaient que du papier sans valeur concrète, aussi vrai qu'ils venaient s'opposer à la logique économique du système de la course, fondement des activités des deux côtés de la Méditerranée ?

Une autre raison appelle à relativiser ce qui s'est dit - et s'écrit encore - sur les saisies des « pirates » d'Alger. Il s'agit de la faible importance de la valeur des prises d'esclaves en comparaison de celle des marchandises.

C'est en effet sur ces dernières que les *raïs* corsaires gagnaient le plus, notamment lorsque le bateau attaqué était saisi puis revendu, et non sur la revente des « esclaves chrétiens », dont une partie restait à la discrétion des autorités turques d'Alger, et en particulier de celle de leur chef, le *dey,* qui prélevait sa part. Le commerce des marchandises razziées par les corsaires des deux bords était en effet particulièrement ouvert, les privés spoliés essayant de racheter ce que les autres leur avaient pris à l'issue de longues tractations entre belligérants de la veille devenus partenaires commerciaux le lendemain. Plus généralement, il s'avérait toujours judicieux d'acquérir ce dont on pouvait avoir besoin à la revente des prises, à Alger comme ailleurs, mais à Alger surtout. Ainsi voit-on par exemple des commerçants marseillais chercher à racheter des navires espagnols à bas prix, et des Barbaresques faire leur marché auprès de Français de Marseille des armes dérobées par ceux-ci lors d'abordages. Des bateaux commerciaux sont pris, et aussitôt revendus, le plus souvent à des Espagnols soucieux de remplacer leurs propres pertes. Mais on signale aussi, et en sens inverse, des achats à ceux d'Alger de cargaisons et autres navires, le plus souvent encore saisis à des Espagnols, par des commerçants marseillais eux-mêmes spoliés par les Barbaresques. Les privés ont beau jeu de critiquer les dégats commis par les autres, ils essaient autant que faire se peut de profiter des bas prix de revente des marchandises pour limiter leurs pertes.

Cette acceptation générale du rachat des marchandises saisies par les deux camps permettait ainsi de justifier, et donc générait, un commerce plutôt intense entre chrétiens et musulmans, commerce qui n'aurait autrement jamais eu lieu, condamné qu'il était alors par la coutume, sinon la loi religieuse qui, des deux côtés, s'interdisait de commercer avec l'autre les armes, munitions et chevaux, mais aussi le cuir ou encore le pain, et par extension un peu tout. En permettant de contourner les entraves aux échanges, le rachat d'esclaves servait donc de lubrifiant du commerce, tout en rapportant à l'Etat, faisant de la course un puissant moteur des échanges internationaux dans la zone.

Même en restant régie par des règles différentes d'un côté et de l'autre de la mer, la course, activité reconnue fondamentale au fonctionnement de l'économie, placée au cœur des relations entre France et états barbaresques, apparaît ainsi comme une activité somme toute normée. Cette sorte de *vendetta* revendiquée par chacun s'était en effet trouvée légalisée, codifiée et progressivement institutionnalisée.

Sur les différentes places et à des moments eux-mêmes différents, le prix de vente des esclaves changeait. Des mercuriales plus ou moins formelles en fixaient le niveau. Etabli, en tout cas connu, par catégories, il dépendait bien sûr du statut social du produit, mais aussi de celui du vendeur.

> « Les François sont ordinairement ceux que l'on vend à meilleur marché »

nous explique le consul d'Arvieux

> « parce qu'outre qu'ils se font toûjours plus pauvres qu'ils ne sont en effet, les Patrons craignent toûjours que le Roi ne les retire par quelque Traité, & qu'ils ne soient obligez de les rendre pour le prix d'achat[4]. »

Ces transactions, comme n'importe quel accord financier entre des vendeurs et des acheteurs, étaient soumises à tout un système de taxes et de surcoûts qui pouvait atteindre le quart de leur valeur. Pour tout dire, on y discutait moins le prix, considéré comme fixé par la règle, que les aspects plus symboliques, jusqu'aux paquets associés faits parfois d'armes et de munitions, quand ce n'était pas de devises. Des intermédiaires, dont beaucoup de commerçants juifs, s'affairaient à ordonner ce commerce qui, pour être illégal, n'était certes pas illicite, puisque consuls et privés y avaient souvent partie liée.

Malgré les apparences et ce qui s'en disait, il ne s'y faisait donc pas n'importe quoi, ce qui allait jusqu'à étonner le même d'Arvieux.

> « Il est surprenant que des Peuples aussi brutaux & aussi barbares que les Algeriens gardent autant d'ordre & de justice, qu'ils en gardent dans leurs brigandages, on ne voit jamais entre eux la moindre difficulté sur leurs partages, & pendant qu'ils font des

---

[4] *Ibid.*, tome cinquième, p. 267.

injustices à tout le monde, ils se rendent entre eux une justice que l'on remarque à peine entre les chrétiens les plus parfaits[5]. »

Reste qu'en ce second tiers du XVIIe siècle, les choses étaient en train d'évoluer.

La course avait d'abord changé d'échelle.

Elle n'était plus le fait de petites embarcations. Quand ils n'attaquaient pas au moyen de galiotes, c'est-à-dire de petites galères, les corsaires barbaresques le faisaient au moyen de brigantins. Les premières étaient particulièrement rapides et manouvrantes, ce qui les rendait excellentes à la poursuite et à l'abordage par les rameurs volontaires et les soldats embarqués. Beaucoup d'entre ces galiotes venaient du chantier naval de Serselle (aujourd'hui Cherchell) où officiaient des familles de charpentiers de marine maurisques exilées d'Espagne. Plus rapides donc bien adaptés à la course, les brigantins, grands voiliers à deux mâts et voiles carrées toujours équipés de rames, tendaient à remplacer les chébecs et leurs trois voiles latines. Les navires corsaires augmentaient de taille, tout en continuant de profiter de leur faible tirant d'eau adapté à la prise par cabotage.

Au cours du XVIIe siècle, le tonnage des navires des deux bords ne cesserait ainsi d'augmenter, pour atteindre celui de véritables vaisseaux, qui se livraient de vraies batailles navales. Si l'on avait perdu des deux côtés en maniabilité, on avait gagné en force d'artillerie de couverture des abordages. L'évolution permettait par ailleurs une économie d'hommes et de canons. Les prises les plus significatives étaient désormais celles de navires de plus de 400 tonneaux et forts d'une cinquantaine de canons, le plus souvent armés par l'Etat, qu'il s'agisse du roi de France ou de la régence d'Alger.

Des deux côtés de la Méditerranée, les flottes corsaires tendaient à se ressembler, chacun des groupes de charpentiers de marine, esclaves ou pas, apportant à l'autre des éléments de technicité d'origine. Des deux côtés, les ports étaient devenus les places d'un marché florissant de navires d'occasion saisis par la course. Sur ceux de la régence d'Alger, en tous cas, même les agents du roi de France et les intermédiaires des ordres religieux rédempteurs venaient s'approvisionner sans état d'âme.

En quelques années, la flotte barbaresque s'était réorganisée. Si le père Dan l'évaluait en 1634 à 75 bateaux « ronds » et une trentaine de

---

[5] *Ibid.*, tome cinquième, pp. 262-263.

galiotes, le chevalier d'Arvieux comptait en 1675 une trentaine de vaisseaux armés en guerre. En 1681, Alger est réputée posséder 23 bateaux, dont 19 vaisseaux commandés surtout par des convertis et manœuvrés par des équipages de 180 à 350 hommes, et deux galères portant chacune 22 bancs et une compagnie de janissaires. En 1686, un rapport sur *Les Forces de la Mer des Bâtiments d'Alger* énumère 49 bâtiments armés en course, dont 13 vaisseaux à deux ponts. Le long du XVIIe siècle, la course barbaresque ne se fait plus comme avant par une foule de petits navires, mais par des moyens semblables à ceux qu'utilisent les Français pour s'en défendre.

Un système de répartition des coûts et des recettes entre armateurs particuliers et Etat était des deux côtés à l'œuvre. La plupart d'entre ces corsaires ne disposaient pas de lettres de marques les autorisant, à titre de représailles, à attaquer les navires des négociants ennemis, ce qui montre bien que course et commerce étaient désormais de plus en plus imbriqués.

De plus en plus indépendant des décisions de la Porte, le pouvoir à Alger faisait désormais moins de cas des capitulations qui jusqu'alors, étaient censées protéger les intérêts français.

Des deux côtés, on comptait moins sur les traités de paix et de commerce, simples émanations périodiques lors de tensions plus intenses entre les deux parties, pour servir de règle du jeu préalable. L'accord ne valant que tant que chacun y trouvait son compte, se trouvait rompu pour le moindre prétexte dès que l'un des protagonistes avait le sentiment d'y perdre. Que ce soit un jour la régence qui déclarât la guerre à la France, ou un autre l'inverse, n'a que peu de signification concrète. Les traités politiques et commerciaux entre France et Alger ne créaient nullement - comme cela aurait dû être le cas pour garantir la paix - de pratiques unanimement respectées, chacun continuant sa course avec ses propres règles implicites.

Les corsaires d'Alger avaient fini par s'installer aux îles d'Hyères dont ils avaient fait la base arrière de leurs attaques des convois, dont un nombre de plus en plus grand de Français, jusqu'ici relativement protégés. La rumeur enflait d'une insécurité généralisée. Et jusque dans les années 1660, le peu de bateaux de guerre français stationnés en Méditerranée se gardaient bien, vu leur faible nombre et la pauvreté de leur armement, de les en déloger.

Cela dit, la course, qui avait pris son essor au début de la période moderne pour culminer dans le second tiers du XVIIe siècle, avait quand même atteint déjà son apogée. S'ils attaquaient désormais toutes les embarcations, sans distinction de bannière, les *raïs* d'Alger, et du coup leurs prises, se faisaient moins nombreux. Même s'ils restaient, à Marseille et Paris, ces « pirates barbares » qu'il s'agissait de mater.

La montée en puissance de la Royale

Les prémices d'un déclin de la course barbaresque dans le troisième tiers du XVIIe siècle sont à mettre en parallèle avec une véritable résurrection de la marine de France après des décennies de négligence, sans pour autant qu'il n'y ait une quelconque relation de cause à effet dans un sens comme dans l'autre.

Lorsque Colbert prend officiellement en mars 1669 la surintendance de la marine et de la navigation (fonction qu'il détenait en pratique depuis sept ans déjà), le pays, qui sort alors de la Fronde et d'un quart de siècle de guerre à l'Espagne, s'est déjà doté d'une flotte aussi puissante et efficace que celle de l'ennemi anglais. Il y avait pourtant fort à faire, tant il est vrai que la marine de France, parent pauvre de l'armée du point de vue des dépenses militaires, était en piteux état. Les efforts, notamment financiers, faits sous Richelieu pour se doter d'une flotte de niveau, n'ont pas été poursuivis par Mazarin. Des escadres de Louis XIII, qui ont pu compter jusqu'à 65 vaisseaux et 22 galères, il ne reste en 1660 que six galères en plus ou moins bon état et une vingtaine, pas plus, de vaisseaux. Le port de Toulon est tout encombré d'épaves qu'on a laissé couler. Les meilleurs matelots et charpentiers de marine sont passés au service des Provinces-Unies.

Au début du règne effectif de Louis XIV en 1661, la constitution d'une flotte nationale figure donc pour Colbert parmi les toutes premières priorités du royaume, au même titre que la mise au pas des grands nobles ou la conquête de la Flandre. Pour ce mercantiliste tellement convaincu qu'on parlerait bientôt de « colbertisme », il y va du développement d'un commerce rémunérateur de privés (les « intéressés ») sous la houlette de l'Etat. Et l'Etat, justement c'est

Louis, lequel, contrairement à son ministre, s'intéresse plus à sa gloire qu'aux résultats du commerce.

Sans doute la fabrication de navires de guerre resterait-elle quelque temps tributaire des Provinces-Unies, d'où l'on importait la plupart des bâtiments qui n'étaient donc pas construits en France. De même en était-il s'agissant des canons, qu'on se procurait pour la plupart à l'étranger. Mais bientôt des chantiers français se créaient, qui permettraient de se passer d'importations au bout de quelques années, en même temps que des arsenaux étaient installés ou étendus en Méditerranée, à Marseille et à Toulon. En matière de construction navale, l'indépendance nationale ne serait chose acquise qu'à partir de 1686.

A l'illustration de ce développement spectaculaire de la marine nationale, qu'on met donc généralement sur le compte de la famille Colbert (Jean-Baptiste le ministre bien connu, et son fils Seignelay digne héritier de la surintendance des mers), on se réfère le plus souvent à l'effectif total de vaisseaux du roi, passé de neuf en 1661 à 91 en 1669, pour atteindre les 123 en 1671. Avec 137 vaisseaux en 1693 sur 220 navires de guerre et une jauge totale d'au moins 130 000 tonneaux, la Royale de Louis n'a jamais été aussi forte, égalant les flottes anglaise et néerlandaise, allant même jusqu'à les dépasser.

A cette extension considérable de la flotte, vient s'ajouter l'introduction de nouveaux progrès techniques dans la construction des bâtiments : la seconde génération de navires de ligne qui sort en grande série dans les années 1680 a gagné en solidité et en puissance, est devenue plus fiable. Depuis 1661, la France a construit 52 vaisseaux à trois ponts, autant que les Anglais, la plupart classés premier rang. Mais surtout, leur puissance de feu a été solidement augmentée, le nombre de canons de 24 passant de 286 en 1677 à 950 en 1692, et ceux de 36 respectivement de 66 à 442.

De façon parallèle, tout ce qui pouvait être mis au service de ce renforcement de la flotte de guerre nationale était promu, de la corderie et du tissage des voiles au code forestier garantissant l'approvisionnement en bois nécessité par la mâture et le matériau des coques. Une véritable révolution.

Sans doute s'intéresse-t-on aux navires, plus qu'aux hommes. Le recrutement et le salaire des équipages et de l'encadrement ont bien fait l'objet d'une réforme, sans doute plus timide, qui a peut-être conduit à une certaine élimination - pas complète, certes - des incompétences. La reprise en main de la marine par le pouvoir donne quand même au roi l'exclusivité de la nomination des officiers, continuant le plus souvent de privilégier la naissance, au détriment donc de l'expérience professionnelle et de la formation. L'essor de la construction navale a d'ailleurs été tel qu'on ne put jamais satisfaire l'effectif de matelots ni même d'officiers au niveau où il aurait été souhaitable de le faire. Quant aux soldes des marins, elles demeurent toujours faibles pour ne pas dire misérables, payées avec la même irrégularité qu'auparavant. Les désertions restent la règle, contre laquelle les sanctions peinent à être appliquées, de peur de tarir plus encore un nécessaire recrutement. Jusqu'à la fin du siècle, bon nombre de marins français se retrouveraient au service de l'étranger, jusqu'à former le tiers de l'effectif de la flotte militaire des Provinces-Unies. Le problème de l'effectif ne se réglerait - et encore partiellement - qu'avec la reprise de la guerre de course au tout-début du siècle suivant. Jusque dans les années 1680, afin de pourvoir au recrutement d'un semblant d'équipage des bateaux en instance de départ, on en est donc encore réduit à boucler les ports et à réquisitionner par la force - on dit alors la « presse » - tous les hommes valides qui peuvent s'y trouver.

A l'autre extrémité, et faute peut-être d'une véritable amirauté à l'image des Britanniques, le haut-commandement manque d'unité de vues, ce qui se traduirait par des hésitations lors de batailles d'intérêt stratégique, voire même par des conflits entre officiers même généraux. Il en irait ainsi par exemple, des relations entre Duquesne et Beaufort, ou plus tard entre Tourville et Jean II d'Estrées, chacun se traitant allégrement d'incompétent (ce qui, à l'adresse de Beaufort et de d'Estrées, n'était pas nécessairement incongru). Certains conflits arrivent même jusqu'au plus haut niveau de l'Etat, par exemple lors de l'embastillement de Martel, qui avait violemment critiqué son supérieur d'Estrées.

Cette flotte française ainsi recréée va quand même se hisser bientôt au rang de ses rivales anglaise et néerlandaise et remporter de francs succès, surtout lorsque Louis porte en 1673 la guerre en Méditerranée et coule à Messine l'escadre hispano-hollandaise. Avant de retomber sous les Pontchartrain père et fils, victime, en 1685, de la révocation de l'édit de Nantes et, en 1708, de la stratégie militaire européenne continentale soufflée à Louis par Louvois, qui sifflerait l'arrêt complet du lancement de nouveaux vaisseaux. Il faudrait d'ailleurs attendre la mort de ce ministre en juillet 1691, pour qu'un dernier sursaut prenne corps et qu'après la défaite subie par la flotte de Tourville à La Hougue fin mai 1692, la réactivité soit quand même telle qu'on arrivât à construire 37 vaisseaux rien qu'entre 1692 et 1695, faisant plus que compenser les pertes subies. Le sursaut serait quand même de courte durée, puisqu'à la mort du roi en 1715, la marine française serait retombée à une trentaine de bâtiments, en gros l'effectif et le volume de 1661, victime des coupes budgétaires imposées par la guerre totale.

Il n'empêche que de 1661 à 1715, plus de 380 bâtiments étaient construits dans les arsenaux nationaux.

De cet effort naval de la France, on relève deux grandes caractéristiques des escadres de Méditerranée (qu'on dit alors « du Levant », pour les distinguer de celles de l'Atlantique, dites « du Ponant »), qui vont influer directement sur la nature des interventions françaises, en particulier à Alger.

La première est le maintien - et même le développement - d'un fort contingent de galères, la plupart stationnées dans l'arsenal qui a été construit pour elles à Marseille.

Alors qu'elles n'étaient que neuf en 1661, et encore en mauvais état, on en compterait 21 en 1671, 30 en 1681, 37 en 1691, et jusqu'à 40 en 1695. C'est ainsi qu'en peu d'années, Louis XIV recréait le corps des galères et se dotait de la plus grande flotte européenne à rames. Richement décorées, les galères du roi étaient particulièrement choyées.

Ce qui motivait Louis à se constituer un arsenal de galères, ce n'était pas tant l'efficacité militaire de ces bâtiments longs et bas qui n'en avaient à vrai dire aucune. Sur chaque unité, n'était embarqué qu'un seul canon de 36, autant dire qu'il ne servait proprement à rien, en comparaison de la trentaine équipant les vaisseaux de premier rang. Mal à l'aise en haute mer, les galères étaient des bâtiments adaptés au cabotage et à la navigation sur mer d'huile, les rames se substituant aux voiles en cas de chute complète de vent. On pouvait toujours s'en servir pour touer les vaisseaux en position de tir face aux ports qu'on attaquait, mais c'était bien tout ce qu'on pouvait leur demander, et encore en l'absence de houle. C'est bien ce qui les avait toujours prédisposées à servir en Méditerranée, plus que dans l'Atlantique où Louis XIV avait un moment songé à les introduire, avant de rétropédaler. Quoi qu'on fît pour y suppléer, les galères restaient quand même lentes et mal armées.

Peu importaient à vrai dire leurs qualités navales, car elles étaient d'abord pour Louis des chars de triomphe. Elégantes et impressionnantes, elles servaient d'abord et uniquement au prestige de la monarchie. Au moment où Louis XIV ordonnait la construction de toujours plus de galères, cette embarcation ne servait déjà plus à la guerre (comme c'était encore le cas au siècle précédent) mais plutôt à mettre en scène la gloire du roi. En montrant le travail humain des rameurs, condamnés ou asservis, la galère claironnait la puissance du monarque qu'elle montrait capable d'imposer ses vues à tous ses ennemis.

Chef d'œuvre autant magnifique qu'obsolète, symbole théâtral du pouvoir sans limite du roi, véritable pénitencier voguant, elle devait inspirer la terreur à ceux qui s'opposeraient d'une manière ou d'une autre au bon vouloir de Louis. A Marseille et au-delà sur toute la Méditerranée, le roi de France se dotait à l'attention de ses ennemis d'une marine pour la gloire, et non pour la guerre ; un instrument de propagande absolutiste, un outil de prestige et d'intimidation, et non de destruction.

Si une partie de la flotte pouvait ainsi se contenter de caracoler sur les flots, c'est que tout à côté, le reste de l'escadre avait vu sa puissance de tir considérablement augmentée. La seconde caractéristique de la flotte française de Levant résidait en effet dans une nouveauté, l'emploi des « galiotes à bombes », qui feraient leur apparition en 1682, lors du premier bombardement d'Alger justement.

Il s'agissait de petits bâtiments à deux mâts et fond plat, équipés de deux mortiers embarqués à l'avant et d'un petit nombre de pièces de canons permettant de se défendre d'une attaque. Servies par un effectif d'une quarantaine d'hommes dont dix artilleurs, ces galiotes pouvaient lancer depuis la mer, à l'ancrage et en tir courbe, des bombes explosives de 200 livres, alors même que les plus forts canons de marine de l'époque n'envoyaient que des boulets massifs (donc non-explosifs et par conséquent moins meurtriers) de 48.

Il s'agissait en l'espèce d'une petite révolution, car jusqu'ici, la guerre de siège ne pouvait se faire depuis la mer, ce qui rendait difficile la prise de ports ou de fortins. En embarquant les mortiers sur un navire, la galiote à bombes, qu'on appellerait plus tard

« bombarde », permettait de disposer d'une artillerie lourde mobile capable depuis la mer de venir à bout d'objectifs terrestres.

Curieux navires que ces galiotes à bombes aux formes plutôt déséquilibrées. Les mâts se trouvaient en effet décalés vers l'arrière, ce qui permettait de dégager la place pour les mortiers, mais compliquait la manœuvre des voiles latines. Les mortiers étaient placés dans une cale centrale du pont, en position leur permettant de tirer de travers ou de front. La mise à feu des mortiers et des bombes se faisait de façon séparée et simultanée. Le bordage doublé était très fort, et le pont renforcé de poutres permettant de supporter le poids des pièces d'artillerie et de mieux répartir le choc du recul qui se produisait lors du tir. Un tir qui, à partir de ces embarcations, restait quand même très sensible à la houle et les prédisposait à servir en Méditerranée plutôt que sur l'Atlantique. On trouvait sur chaque galiote près d'une cinquantaine d'hommes relevés toutes les 24 heures : 14 officiers mariniers plus 22 matelots, sans compter cinq officiers de marine ainsi qu'une dizaine de bombardiers commandés par un sergent. Leur utilisation allait bientôt former un axe central de la guerre navale au Levant.

Capables de lancer en groupe depuis la mer une pluie de bombes explosant en débris meurtriers, les galiotes à bombes participaient de la stratégie voulue par Seignelay pour terroriser les Barbaresques d'Alger, mais aussi de Tunis et de Tripoli. Leur concepteur, l'ingénieur de marine Renau d'Eliçagaray, qu'on appelait Petit-Renau en raison de sa taille, n'avait pas eu de mal à convaincre le ministre de ce que l'introduction de cette arme nouvelle déplaçait de façon significative l'équilibre des forces navales, rendant plus efficaces les bombardements des villes africaines.

Cinq de ces galiotes furent d'emblée mises en chantier, trois au Havre-de-Grâce, et deux à Dunkerque (*cf.* Tab. 2). Lors des essais et du premier bombardement d'Alger, les trois premières s'avérèrent puissantes mais peu maniables, quand les deux autres se montraient plutôt meilleures voilières, mais plus faibles de tir. Toutes portaient alors un mât de misaine qu'on démontait aussitôt qu'on était prêt à tirer, et qu'on allait supprimer par la suite afin de gagner le temps qu'on passait à ce démâtement.

Tab. 2 - Les galiotes à bombes engagées dans les bombardements d'Alger

nom de la galiote	année de fabrication	lieu de fabrication	charpentier de marine	nombre de canons
La *Menaçante*	1682	Le Havre	Salicon	4
La *Brûlante*	1682	Le Havre	Salicon	4
La *Cruelle*	1682	Le Havre	Salicon	4
La *Bombarde*	1682	Dunkerque	Hendrick	4
La *Foudroyante*	1682	Dunkerque	Hendrick	4
L'*Ardente*	1683	Toulon	Hendrick	6
La *Fulminante*	1683	Toulon	Coulomb père	6
L'*Eclatante*	1684	Toulon	Coulomb père	8
La *Belliqueuse*	1684	Toulon	Coulomb père	8
La *Terrible*	1684	Toulon	Coulomb père	8

D'expérience en expérience, on progressait à chaque fois, et l'on finissait bien par y arriver (*cf.* Tab. 3).

Tab. 3 - Performances des galiotes à bombes lors des bombardements d'Alger

	Alger 1682	*Alger 1683*	*Alger 1688*
nombre de galiotes	5	7	10
nombre de bombes embarquées	4200	10 800	12 000
nombre de bombes tirées	308	10 000	11 800
nombre de bombes tirées (par mortier et par heure)	3,5	4 à 5	5
durée de tir	9 heures	-	124 heures

Il faut dire qu'à cette époque, les marines des pays européens s'en étaient toutes équipées. C'est ce qui ferait dire à l'historien Cavaillon, lequel mettrait l'accent sur les conséquences d'une véritable spirale guerrière, que

> « Louis XIV punit les brigandages d'Alger, par le secours d'un de ces arts funestes, qu'on ne devroit jamais laisser éclore, puisqu'ils ne manquent pas d'être portés par les autres Nations, & d'être tournés bientôt contre ceux mêmes qui en font usage les premiers[6]. »

Quand on aura dit que la France n'était pas le seul pays à étoffer sa flotte en Méditerranée occidentale, puisqu'à la même époque c'était aussi le cas des chevaliers de Malte (12 vaisseaux et galères de grande dimension) et du grand-duché de Toscane (où l'ordre de Saint-Etienne possédait à lui seul une douzaine de galères), on comprendra quelle importance avait pris la course contre les Barbaresques.

Captifs à Alger, chiourme à Marseille

La prise d'esclaves n'était donc pas le fait des seuls *raïs* d'Alger.

Les marines de la France, mais surtout de l'Espagne et des chevaliers de Malte, et accessoirement aussi du grand-duché de Toscane, sillonnaient alors la Méditerranée occidentale, coursant les corsaires ennemis. Tout comme les Barbaresques le long de la Provence, de l'Espagne ou de l'Italie, les corsaires français se livraient par cabotage à l'attaque des villages côtiers d'Afrique du Nord, où ils prenaient des captifs aussitôt revendus sur les marchés du Levant et jusqu'à Marseille. Peut-être pouvait-on assimiler cette capture à celle de prisonniers qu'on s'attachait à restituer moyennant le paiement d'une rançon. Le rançonnement faisait bien partie intégrante de la logique économique présidant au développement des relations commerciales entre états de la Méditerranée du Nord et du Sud. Personne en Europe ne prononçait en tout cas le mot d'« esclavage », tabou qu'on imputait aux seuls ennemis, même si les différences de statut et de considération des intéressés s'avéraient entre les deux cas des plus minimes. Les conditions de détention sur les galères du roi devaient être en tous cas particulièrement atroces, si l'on en juge d'après une statistique à peu près fiable faisant état de la mort du quart de l'effectif des rameurs avant la fin de leur première année de chiourme.

---

[6] *Exposition de l'Histoire de France*, par M. C***, à Paris, chez Saillant & Nyon, chez la Veuve Desaint, 1775, pp. 448-449.

Les galères avaient été instituées comme peine systématique pour les faux saulniers, les criminels et autres déserteurs, et plus tard pour les huguenots. Sur celles de Louis, à côté des condamnés, ramaient des esclaves, ceux qu'on appelait les « turcs » quelle que fût leur nationalité.

Ceux-ci étaient pris lors des abordages corsaires au même titre que le butin saisi. Les navires commerciaux privés comme les bâtiments de la marine royale française faisaient fréquemment des descentes de Saint-Tropez à Antibes, le long de ports qu'on savait mal défendus pour y chasser le « turc ». Lorsque les attaques de navires barbaresques n'avaient pas suffi à fournir la chiourme du moment, les « turcs » en question étaient achetés dans les villes du Levant, mais aussi plus près. Si à Marseille, se tenait de temps en temps un véritable marché d'esclaves musulmans proposés aux galères du roi par des privés français, le plus souvent juifs, que dire de Gênes, le plus grand centre européen de vente de captifs, ou encore de Livourne, port du grand-duché de Toscane, où se vendaient aussi bien des turcs et barbaresques que des chrétiens pris par les uns et les autres, et que se disputaient acheteurs français et espagnols.

Car il fallait qu'on disposât d'assez de bras pour faire voguer les galères, ce qui allait constituer au fil du siècle le premier problème à résoudre, ardu et resté d'ailleurs le plus souvent irrésolu. En 1675, la chiourme mobilisait à elle seule 5 000 hommes (dont un quart d'esclaves, le reste étant constitué de condamnés) sur 25 galères, et cet effectif aurait même dû passer à près de 12 000 moins de dix ans plus tard. L'équipement complet des 40 grandes galères qu'elles étaient à la fin du siècle aurait même nécessité le recours à bien plus encore de rameurs, qu'il était certes plutôt difficile sinon impossible de trouver.

C'était surtout ces « turcs », plus costauds et rudes à la besogne que les condamnés français, dont on avait besoin, qui étaient pour la plupart barbaresques puisque c'est contre eux qu'on se battait et qu'on pouvait donc faire des prisonniers. L'idéal consistait à en mettre un sur chaque rang de cinq rameurs. En 1683, on estime à environ un millier le nombre d'esclaves turcs mis aux galères de France. Au plus fort de la chiourme, il en fallait trouver dans les 2 000, qu'on devait mettre avec 6 000 forçats valides.

Ces derniers étaient plus faciles à trouver, surtout après la révocation de l'édit de Nantes, grande pourvoyeuse de galériens, mais on ne comptait pas trop sur leur force pour faire voguer les galères. Il était par contre moins aisé de s'approvisionner en « turcs ». Entre 1687 et 1689, la paix entre Européens, une nouveauté depuis fort longtemps, permit à Louis XIV d'intervenir à nouveau en Méditerranée contre les Barbaresques. On s'efforça alors de recruter des turcs pour la chiourme par capture en mer. Mais on n'arriva jamais à s'en pourvoir suffisamment : alors qu'ils représentaient un quart de l'effectif des galériens vers 1650, les turcs ne formeraient pas 10 % de l'effectif total à la fin du siècle.

Ceux-là, on les cherchait partout et assidûment, et l'on n'était pas particulièrement pressé de les libérer lorsqu'un quelconque accord était censé l'imposer. C'est d'ailleurs justement la libération des nombreux esclaves « turcs » de la chiourme du roi en août et novembre 1689, dans le contexte de la signature en septembre de la même année d'un nouveau traité de paix, qui allait amener Louis XIV à moins s'appuyer sur les galères marseillaises qu'il ne l'avait fait jusqu'alors.

Marché aux esclaves à Alger
J. Luyken invenit et fecit, Amsterdam, s.ed., 1684.

Chapitre 2
Sous la régence d'Alger

Si la course était devenue au XVIIe siècle l'élément fondateur du régime barbaresque, les *raïs* qui la conduisaient ne monopolisaient pas toujours le pouvoir de décider avec qui Alger devait ou non faire la guerre. L'autorité des capitaines corsaires devait en effet se partager avec celle des janissaires, qui formaient le contingent militaire envoyé par l'empire ottoman pour veiller au respect sur place des intérêts turcs.

Le pouvoir à Alger

C'est en effet la confrontation entre les positions des janissaires et des *raïs* qui déterminait les équilibres politiques le plus souvent instables décidant de la nature des relations entre Alger et les puissances européennes coursées.

A bien des égards, ce qu'on appelait la « régence » d'Alger apparaissait comme une république militaire vassale de l'empire ottoman dont elle cherchait à gagner comme elle l'entendrait son autonomie.

L'autorité publique appartenait en droit et en principe au *diwan*, sorte de parlement réunissant dans des proportions variables dans le temps les principales forces représentant l'autorité turque, à savoir la milice des janissaires recrutée sur le port de Smyrne (aujourd'hui Izmir) et la foule de gratte-papiers (les *khodja*, ou lettrés) formant avec elle ce qu'on nommait l'*odjak* (le foyer), ainsi que des représentants de la *taïffa* des *raïs*, la corporation des capitaines corsaires, pour la plupart des convertis. Depuis le XVIe siècle et la soumission d'Alger à la Porte, ledit *diwan* était présidé, plus qu'il n'était dirigé, par un *pacha* nommé par Constantinople qui relevait directement de l'autorité du sultan ottoman, et qui avait - en principe plus qu'en réalité - droit de vie et de mort sur tous ses sujets. C'est en tout cas ce que mentionnaient les textes juridiques valant constitution de ladite « régence ».

Dans les faits cependant, le pouvoir appartenait alternativement à l'un des deux groupes que formaient d'un côté les *raïs* alimentant le trésor d'une partie de ce qu'ils saisissaient en mer, et de l'autre la milice des janissaires employée surtout à sécuriser la collecte des impôts.

La milice, soucieuse d'avoir sa solde réglée sans avoir à mater les soulèvements locaux de tribus qui ne manquaient pas de survenir après de mauvaises récoltes, s'affichait le plus souvent pacifiste, du moins avec les étrangers et aussi longtemps qu'elle était payée. Une douzaine de casernes accueillaient les quelque 8 000 à 12 000 janissaires affectés à l'*odjak* d'Alger. La milice, qui disposait d'une impunité générale, était surreprésentée dans le *diwan* et surtout dans le petit conseil qui faisait office de gouvernement. Son chef, l'*agha*, pesait d'un grand poids dans les décisions prises, surtout en période de crise.

La *taïffa*, au contraire, ne cessait de militer en faveur d'une intensification de la guerre sur mer, dont elle vivait directement. La course était, pour les *raïs*, petits ou gros, une entreprise peu risquée au regard des bénéfices énormes qu'ils en tiraient, et qu'ils n'entendaient pas abandonner sous le prétexte futile qu'il eût fallu s'entendre avec ceux qui constituaient leurs proies. Au gré de l'importance respective des tributs ponctionnés sur la production et le commerce local d'un côté (perçus par les janissaires qui s'assuraient ainsi la base de leur solde), et des prises de la course de l'autre (celle des *raïs*), l'un des deux groupes réussissait à prendre le pas sur l'autre, et à décider de la stratégie politique du régime, laquelle se trouvait le plus souvent redéfinie lors du changement, toujours violent, des chefs.

L'intérêt bien compris de chacun des deux groupes était certes le même, puisque les prises qui enrichissaient les *raïs* servaient aussi à payer la milice. Le plus clair du temps, *taïffa* et janissaires étaient comme obligés de collaborer d'une façon plus ou moins étroite, objective sinon formelle, qui assurât un minimum d'efficacité économique et de stabilité gouvernementale. C'est seulement en temps de crise que l'un d'eux prenait l'ascendant sur l'autre, orientant les décisions dans le sens de ses intérêts immédiats.

Le XVIIe siècle, et plus particulièrement la période du règne en France de Louis XIV, est justement caractérisé par une succession de révolutions de la régence d'Alger, qui devait conduire à la redéfinition complète de la dignité de *pacha*. Durant tout ce temps, sans donner lieu à une quelconque mise en débat théorique du pouvoir politique et de sa traduction constitutionnelle, on assiste à un glissement de l'autorité publique qui passe progressivement de la Porte au profit de chefs nommés localement. Par ailleurs, le règne correspond aussi avec une prise de pouvoir plus manifeste de la *taïffa* des *raïs* au détriment de la milice des janissaires, ce qui explique en partie la réactivation à ce moment-là de la guerre navale entre corsaires algériens et français.

Tab. 4 - Les *agha* et *dey* d'Alger de 1661 à 1715

Agha :	
1660-1661+	Ramdane Agha
1661-1665+	Chabane Agha
1665-1671+	Ali Agha
Dey :	
1671-1682	Hadj Mohammed Et-Triki
1682-1683+	Hassan Chaouch dit Baba Hassan
1683-1686	Hadj Hussein dit Mezzomorto
1686-1688	Ibrahim Khodja
1688-1695+	Hadj Chabane
1695-1698	Hadj Ahmed
1698-1700	Hassen Chaouch
1700-1705+	Hadj Mustafa
1705-1707	Hussein Khodja
1707-1710+	Mohamed Bekkach
1710+	Dely Ibrahim
1710-1718	Baba Ali Chaouch

De 1659 à 1671, ce qu'on a appelé par la suite la « révolution des *agha* » avait d'abord traduit la suprématie de l'armée des janissaires sur la *taïffa* des *raïs*.

La milice d'Alger, mécontente du gouvernement des *pacha* triennaux envoyés de Constantinople, qu'elle dénonçait comme contraire aux intérêts locaux, s'arrogea le droit de choisir en son sein le souverain véritable, reléguant l'envoyé du sultan au rang de fantoche. Il faut dire que les recettes publiques avaient déjà beaucoup diminué, à la suite de soulèvements locaux de tribus et surtout du recul tangible des produits de la course. Il faut dire aussi que, dans un contexte de corruption généralisée, le dernier *pacha* disposant à Alger d'un pouvoir réel, Ibrahim, avait refusé de payer la milice, tout en se servant avidement dans la caisse de l'Etat, ce qui avait fait déborder le vase.

Arguant du non-paiement de leur solde, les janissaires se liguaient pour renverser le *pacha* nommé par Constantinople et instituer une république militaire indépendante de la Porte et dirigée par une sorte de dictateur, en la personne de l'*agha* c'est-à-dire du chef des janissaires nommé par la milice. Ce n'était plus le Grand Seigneur qui décidait de qui commandait à Alger, mais bien le *diwan* de la régence. A Constantinople, le grand vizir Köprülü le prit mal, qui refusa d'envoyer de nouveaux janissaires, mais dût quand même se soumettre à une décision de la milice qui était prise, une fois n'est pas coutume, avec l'accord des *raïs*. Pour la Porte, il y avait visiblement trop de risques et trop peu d'enjeu à venir remettre de l'ordre dans les affaires publiques de la régence d'Alger qu'elle ne contrôlait déjà plus.

Donner le pouvoir aux militaires n'assurait pourtant pas la stabilité gouvernementale. Et la période fut caractérisée par l'assassinat systématique du titulaire du poste d'*agha*, auquel la troupe finissait toujours par reprocher d'un côté de ne pas aller aussi loin que le discours qui l'avait porté au pouvoir, tout en lui refusant de l'autre les pleins pouvoirs (*cf.* Tab. 4).

Ce fut notamment le cas de Ramdane Agha assassiné par les *raïs* le 10 septembre 1661 avec 50 de ses fidèles, et même d'Ibrahim, revenu un moment à la recherche du pouvoir et emmuré vivant par son concurrent Chabane, lequel fut à son tour tué, en pleine épidémie de peste à Alger. Ce fut également le cas du dernier d'entre eux, Ali Agha, qui avait tenté une réforme visant à concentrer le pouvoir effectif, et qui fut décapité par les janissaires le 18 octobre 1671, remontés qu'ils étaient par une opposition des *raïs* qui tournait à une véritable révolte. Son remplacement posa alors tellement de problèmes qu'en trois jours seulement, cinq candidats proposés pour lui succéder devaient décliner ce qui était devenu un périlleux honneur, appelant à un changement radical de système de gouvernement.

Pour ce qui était des relations avec la Porte, la nouvelle révolution de 1671 ne changeait pas vraiment la donne, sinon qu'elle affirmait une nouvelle fois la prévalence de l'autorité du *diwan* sur celle du sultan. Mais la destitution de l'*agha* des janissaires du poste de dictateur laissait le champ libre aux *raïs* d'exercer le pouvoir suprême. C'est ce qu'ils firent habilement, avec la nomination comme *dey* - c'était le nouveau nom du souverain - d'un vieux capitaine corsaire connu pour son expérience et sa modération, Hadj Mohammed Et-Triki. Pour la gestion des affaires publiques, le premier donc de ces *dey* se reposait sur son gendre Hassan Chaouch, qu'il avait pris comme adjoint et qui finirait par le remplacer sous le nom de Baba Hassen. Il avait surtout promis de régler la solde des janissaires, calmant ainsi toute velléité de révolte de la milice.

En 1671, les *raïs* reprenaient ainsi le pouvoir sur les janissaires, inaugurant une période de cohabitation entre les *dey* désormais imposés par la *taïffa*, et les *pacha* toujours nommés par la Porte, dans une indifférence de plus en plus manifeste à la fois d'Alger et de Constantinople.

Comme les *agha* avant eux, les *dey* étaient désignés par la régence et non plus par le sultan ottoman, qui n'était consulté par Alger que pour valider les choix déjà faits. Sur un plan plus pratique, les *dey* étaient également censés se reposer pour ce qui concernait les affaires intérieures sur un *hakem*, sorte de subalterne validé par l'*odjak*. C'était donc le cas du premier *dey* Hadj Mohammed Et-Triki avec son gendre, mais aussi du *dey* Hadj Chabane qui ferait de son premier écrivain (*bach defterdar*) Mohamed el-Amin son adjoint direct, en lequel il avait suffisamment confiance pour l'envoyer en 1689 à Versailles ambassadeur extraordinaire auprès du roi Louis XIV.

Jusqu'à la fin du siècle, les *dey* régnant alors à Alger cherchèrent à rétablir la course, alors en perte de vitesse manifeste, et maintinrent avec la Porte un minimum de relations, avant que la position de *pacha* comme représentant du sultan de Constantinople, ne soit purement et simplement supprimée.

Les contemporains, tout comme les historiographes français qui leur ont succédé, ont certes bien compris que le *dey* était le nouveau chef de la régence.

> « Le Dey n'est plus, comme les premiers successeurs de Barberousse, un simple vice-roi ; »

explique par exemple Delaporte,

> « c'est un souverain très-absolu, qui distribue les récompenses & les châtimens, ordonne les armemens & les expéditions militaires, nomme à toutes les charges, régit toutes les affaires du royaume, se fait rendre compte, & n'en rend à personne[7]. »

Ils s'attachèrent tous alors à donner du *dey* l'apparence d'un monarque absolu et sanguinaire, à l'image de ce qu'on voulait donner d'un Orient violent, alors qu'en fait, le pouvoir du chef de la régence d'Alger, qui tenait sa position du vote des soldats, et dont la tête était à la merci d'une quelconque révolte des casernes, était beaucoup moins absolu que celui de son homologue français de l'époque, Louis XIV…

Lorsque les *raïs* arrivent ainsi au pouvoir, la course a quand même déjà perdu de son importance. Les ripostes des nations européennes, au premier rang desquelles la France, ont souligné la faiblesse de la flotte barbaresque. Mais surtout, le commerce méditerranéen se fait désormais principalement au Levant, reléguant la course d'Alger, qui perd du terrain, au second plan.

Il faudrait quand même attendre 1710, pour que la fonction de *pacha*, qui n'existait déjà plus dans les faits depuis longtemps, soit officiellement supprimée. En 1686, le *dey* Hadj Hussein dit Mezzomorto, prudent, se l'était attribuée afin de partager le pouvoir avec l'*agha* Ibrahim Khodja revenu victorieux d'un premier pillage de Tunis et promu *dey* par la milice. Deux ans plus tard, le même Mezzomorto, avait refusé l'entrée du port d'Alger au *pacha* envoyé par le sultan de Constantinople, comme pour bien montrer qui commandait.

---

[7] *Le Voyageur François, ou la Connoissance de l'Ancien & du Nouveau Monde*, mis au jour par M. l'Abbé Delaporte, nouvelle édition, tome premier, à Paris, chez Vincent imprimeur-libraire, 1746, pp. 212-213.

A la fin du règne de Louis XIV, au tournant du XVIIIe siècle, Alger n'était déjà plus une régence de la Porte, mais bien une république militaire autonome de Constantinople.

Etranges affaires étrangères

S'il est un domaine de l'action publique dans lequel le *dey* disposait désormais d'un certain pouvoir de décision, c'est bien celui des affaires étrangères. Nommé par les *raïs*, il savait mieux que quiconque combien la course façonnait les rapports avec l'extérieur. Plus qu'une stratégie politique, c'est bien une logique économique qui permet d'expliquer les relations tissées entre la régence et les principaux pays qui ont affaire à elle.

Qui veut comprendre un tant soit peu ce qui a pu justifier les relations entre la France et Alger, doit d'abord s'extraire de la présentation classique des historiens français qui les ont souvent présentées comme dépendantes du seul bon vouloir des chefs de la régence.
Non pas qu'il n'y ait pas eu des divergences d'appréciation de la situation internationale chez les *dey* qui se sont succédé durant les 50 années du règne personnel de Louis XIV. A des moments qui se sont avérés déterminants des relations entre la France et Alger, on constate même à cet égard des différences énormes de comportement et donc d'esprit entre par exemple Chabane Agha et Ali Agha en 1665, Ali Agha et Hadj Mohammed Et-Triki en 1671, Baba Hassan et Hadj Hussein en 1683, ou encore Ibrahim Khodja et Hadj Chabane et 1688. Mais, sans compter le fait qu'on pourrait conclure de même des différences d'appréciation de la situation qu'on trouve entre un Beaufort et un Vivonne en 1666, ou entre un Duquesne et un Tourville en 1684, il faut bien voir que l'assassinat par la milice ou le simple remplacement même des chefs d'Alger, traduisaient la plupart du temps un changement complet de politique. Lorsque le *diwan* restreint, qui faisait office de petit conseil, préférait, pour des raisons de stratégie ou même d'opportunité, la diplomatie à la guerre, ou à l'inverse, la guerre à la diplomatie, il se donnait les moyens de sa politique en changeant de chef, le plus souvent dans la violence qui caractérisait habituellement ces événements. A Alger comme partout

ailleurs, il y avait des pacifistes et des bellicistes, mais quand même, ce n'était pas ce qui faisait bouger les lignes.

Il y avait d'abord un système économique, celui de la course, censé profiter à Alger comme à la France, qui faisait se succéder des périodes de guerre et des périodes de paix, et dont la chronique était décidée par les intérêts des uns et des autres, le plus souvent ensemble, mais pas toujours.

La France avait été, et depuis fort longtemps, le premier pays européen à disposer de capitulations de la Porte, mais elle n'était plus le seul, puisque l'Angleterre et les Provinces-Unies, pour ne parler que d'elles seules, en avaient alors elles-mêmes signé.

Contrairement aux nombreux changements intervenus au début du XVIIe siècle lorsqu'il avait fallu réaffirmer cette alliance à maintes reprises, en 1604 d'abord, puis en 1608, 1614, 1618, 1635, 1640 et 1649, on ne compterait entre 1661 et 1715, qu'une seule reconduction des capitulations entre Louis XIV et le sultan, intervenue en 1673. Ce qui montrait bien que les privilèges qu'apportaient ces accords étaient moins évidents qu'ils ne l'avaient été par le passé.

La France s'était alors retournée elle-même vers la Grande Porte, dont elle ne voulait quand même pas se couper. Colbert espérait profiter d'un épisode de paix entre la France et les autres puissances européennes, qui se doublait d'une accalmie dans les relations avec les régences barbaresques, pour asseoir une sorte d'indépendance de ses voisins et ennemis. L'idée du ministre était de rappeler les capitulations en les actualisant.

Il s'agissait d'abord de garantir l'accès privilégié des commerçants marseillais aux échelles du Levant, vers lesquelles le commerce méditerranéen s'était fortement déplacé au cours des dernières années. Regagner ce faisant les faveurs du marché turc, alors en plein essor, aurait permis aux Marseillais de se refaire une santé, bousculée par les récents développements avec Alger.

A Alger, les affaires avaient au contraire tendance à stagner, sinon à régresser, avec la diminution de la course et donc la baisse, en quantités et en prix aussi, des reventes des prises. Mais la France entendait se servir de cette réaffirmation formelle de l'alliance avec le Grand Seigneur pour conforter la position d'interlocuteur privilégié, que l'agressivité française vis-à-vis de la régence avait mise à mal : en rappelant la protection du sultan de Constantinople, le roi espérait, peut-être sans trop y croire, raffermir les droits de la France aux yeux de la régence, remémorer au *dey* qu'on ne la traitait pas comme un vulgaire pays, mais comme un allié privilégié du croissant. Il voulait aussi et surtout garantir le commerce français au Levant. Dans les deux cas, Louis était clairement demandeur.

La signature de la capitulation de 1673, qui n'innovait nullement par rapport aux précédentes, s'était avérée quand même difficile, requérant la persévérance et surtout la patience de l'ambassadeur sur place. Le sultan, qui se souvenait surtout des actions ennemies de la France en Hongrie et en Algérie, s'était fait prier, allant jusqu'à humilier à plusieurs reprises les envoyés de Louis XIV. La Porte avait tenu en effet à ce que certaines formalités de préséance fussent conservées, même si l'empire ottoman n'avait déjà plus d'influence sur la course méditerranéenne. L'ambassadeur français, le marquis de Nointel, magistrat rigide d'esprit janséniste, par ailleurs plutôt imbu de lui-même, doutait trop de la moralité de cette alliance pour réussir vite sa mission, qui ne se concrétisa que le 5 juin 1673.

Cela n'avait certes pas empêché les gazettes d'affirmer que c'était à la demande expresse de la Porte que l'accord était conclu. Cela dit, tout le monde savait bien que la capitulation de 1673 ne pousserait pas nécessairement la régence d'Alger à se considérer comme une alliée indéfectible et permanente de la France. Pour l'instant, la France reprenait position sur les marchés du Levant, ce qui pour Colbert et les Marseillais, était bien l'essentiel.

Pour le *dey* d'Alger, qui n'attribuait qu'une importance minime aux capitulations, seuls comptaient les traités passés directement d'Etat à Etat.

En temps considéré comme « normal », peu importait qu'on signât quoi que ce soit avec la régence. C'était la course qui primait sur toute autre considération. Chacun à son rythme, limité par le nombre de bateaux disponibles, faisait ses descentes, les Algériens le long des côtes européennes pour saisir des marchandises diverses et variées ainsi que des esclaves chrétiens, les Français, après les Espagnols et les chevaliers de Malte, le long des côtes de la régence à la recherche de marchandises tout aussi diverses et variées, ainsi que d'esclaves cette fois-ci musulmans.

Chacun des protagonistes savait quels risques il prenait, risques dont la stratégie et l'économie du commerce tenaient compte. La prise faisait office de fiscalité aléatoire à laquelle se soumettaient les commerçants qui avaient eu la malchance de trouver des corsaires plus forts qu'eux sur le chemin. La plupart d'entre les négociants au long cours, les plus sujets à la rencontre avec des corsaires de l'autre camp, se satisfaisaient pleinement de ce système qui pouvait s'avérer finalement moins coûteux que n'importe quel règlement qui aurait pu leur être appliqué. Contrairement à la coutume qui voulait que la course se fît en temps de guerre, ici c'était plutôt la norme quelle que soit la situation.

Il arrivait périodiquement que des crises surviennent, qu'il y ait ou non déclaration de guerre. Le nombre d'attaques augmentait, jusqu'à rompre l'équilibre plus ou moins instable sur lequel le système fonctionnait. On se permettait par exemple des prises symboliques que l'autre camp ne pouvait accepter sans réagir. La tension montait, et on en arrivait à se taper dessus. Mais tout cela coûtait souvent trop cher pour qu'on continuât ainsi, et l'on s'entendait vite par un traité pour ne plus désormais se courser. Alors les conséquences de cette sorte de paix étaient telles que l'accord ne pouvait en aucun cas tenir : exemple le plus courant, les Algériens avaient besoin de remplir les caisses de l'Etat pour payer la milice, et les Français de turcs pour ramer aux galères comme ils savaient le faire, c'est-çà-dire de façon plus efficace que les condamnés.

Avec le temps, mais en général en peu de temps justement, on en revenait des deux côtés à la course, et le processus aboutissant à un nouvel accord continuait. Et comme tout le monde savait que tôt ou tard (souvent plus tôt que tard), le traité, pour formel qu'il ait été, ne serait finalement respecté par personne, peu importaient les termes du nouvel accord, qui pouvaient être les mêmes que précédemment.

On peut comprendre alors comment les relations entre la France et la régence d'Alger aient été aussi fluctuantes, passant par des hauts et des bas se succédant au fil des ans. Qu'il se fût agi de guerre ou de paix, qu'elle mît en mouvement des états alliés ou ennemis, c'est la logique de la course qui seule primait, en tous cas au XVIIe siècle et particulièrement tout au long du règne de Louis XIV.

Les Français à Alger

De cette versatilité diplomatique et commerciale, les négociants français commerçant avec la régence devaient, autant que cela se pouvait, tenir compte. Car il y avait bien des commerçants français sur le port d'Alger. Ils étaient même assez nombreux pour dépasser la cinquantaine lorsque le climat était tendu entre les deux pays, jusqu'à approcher la centaine quand les affaires au contraire allaient au mieux.

Il faut dire qu'à Alger, où le port sans grouiller d'activité fonctionnait de façon régulière des reventes des prises de la course, il y avait toujours des affaires à faire. Et donc des Marseillais pour en faire, avec ou sans l'entre-gens des négociants et banquiers juifs du coin ou d'ailleurs. Mouillés à proximité de ce qui servait de quais, il était rare qu'il n'y eût pas en permanence un ou deux navires de France, en attente de déchargement.

Des tissus d'abord, mais aussi d'autres produits manufacturés, le plus souvent de l'outillage, quand ce n'était pas des armes et des munitions, lesquelles passaient le plus discrètement, mais le plus efficacement aussi, du monde. A force, il se disait même qu'il était devenu impossible de faire commerce sur le port d'Alger sans vendre aux Barbaresques les armes et les munitions dont ils avaient périodiquement besoin, et dont ils se serviraient le cas échéant contre ceux qui les leur avaient vendues. Les pièces de grément, pour lesquelles existait une forte demande de la part des *raïs* qui n'arrivaient pas toujours à s'en procurer sur place, faisaient l'objet d'un marché soutenu et particulièrement lucratif aux fournisseurs.

On y achetait dans l'autre sens des produits agricoles, de l'huile un peu, surtout des grains. Et des bateaux aussi, pris par la course bien sûr (du moins ceux qui n'avaient pas été coulés). On pouvait ainsi récupérer moyennant finance une partie de ce qu'on s'était fait prendre, et on le faisait d'autant plus volontiers que les prix de revente étaient tirés vers le bas par l'absence de concurrence entre acheteurs, et qu'on les surfacturait ensuite à l'attention des destinataires prévus au départ, d'une façon qui était devenue quasi systématique et dont tout le monde tenait plus ou moins compte dans la passation des marchés.

Les multiples ordonnances royales qui, de 1604 à 1638, avaient interdit tout commerce avec la Barbarie, n'avaient jamais été suivies, les Marseillais préférant apparemment risquer la course que se priver complètement d'affaires. Depuis lors, on avait préféré ne plus pondre de nouveaux textes dont on savait le caractère illusoire. Aussi nombreux que pouvait porter le marché, vendeurs et acheteurs tant algériens qu'étrangers, notamment français dont la majorité venait de Marseille, se pressaient alors au port d'Alger.

Tout n'était certes pas négociable, en plein jour au moins, en raison des interdits qui pesaient sur le commerce entre chrétiens et musulmans. Mais on arrivait toujours à contourner les contraintes, comme on le faisait avec les taxes, en ayant recours aux intermédiaires juifs, en se servant du troc ou en faisant passer pour bonne prise des marchandises qui ne l'étaient pas. De toute façon, à Alger comme sur les autres ports même européens, les frontières entre ce qui était autorisé par la loi et ce qui ne l'était pas s'étaient effacées depuis fort longtemps.

Malgré ce qu'on en a beaucoup dit, la plupart des transactions qui s'effectuaient à Alger ne nécessitaient pas d'intervention lourde auprès de l'administration. Il suffisait de régler les taxes, au demeurant plus faibles que celles perçues alors aux échelles du Levant, dans les 8 %. L'échange, réputé gagnant-gagnant, se faisait sans difficultés majeures, et les différends, lorsqu'il en survenait, se réglaient le plus souvent à l'amiable.

L'expérience passée, et aussi la coutume suivie par tous les pays européens commerçant avec Alger qui, eux, rencontraient plus de difficultés que les Français, avaient toutefois sanctionné la présence sur place d'un consul de France.

Curieuse fonction que celle de ce diplomate, qui revenait le plus souvent à un négociant, au début même nommé par la chambre de commerce de Marseille, laquelle devait subvenir à ses besoins d'équipement et de fonctionnement, mais se faisait le plus souvent tirer l'oreille pour lui envoyer les subsides correspondants.

Un moment, la charge s'acheta, et son récipiendaire s'arrangea dès lors pour en profiter pour se rembourser par le commerce, auquel il se livrait volontiers, ce qui ne faisait pas l'affaire des négociants français présents sur place, qui le plus souvent s'en plaignaient. Il faut dire que pour ce faire, ledit consul était exempt de droits de toutes sortes, ce qui lui donnait un avantage évident sur ceux de ses concitoyens qui pouvaient être ses concurrents, et sur lesquels il prélevait en outre quelque chose comme 2 % de la valeur déclarée de leurs ventes et achats sur place. On comprend que son petit commerce eût de quoi déranger ses concurrents marseillais.

Même les disciples de Vincent-de-Paul, qui furent entre 1655 et 1683, c'est-à-dire à des moments forts du différend entre la France et Alger, titulaires de la charge, n'hésitaient pas à intégrer cette dépense d'accès à la fonction dans les comptes de leur rédemption, qui s'apparentait à certains égards à un véritable commerce. La duchesse d'Aiguillon avait en effet acheté la charge à son ancien titulaire, le marseillais Balthazar de Vias qui ne l'exerçait pas. Elle l'avait offerte à Vincent-de-Paul, lequel avait délégué sur place deux laïcs spiritains, Barreau puis Dubourdieu (qui fermaient les yeux sur les ventes d'armes à la régence, auxquelles la congrégation était pourtant fermement opposée, pour autant que les intéressés leur paient licence), avant que la mission ne revînt au père Le Vacher, d'abord à titre provisoire puis définitif, si l'on peut dire s'agissant de quelqu'un qui avait fini exécuté en service.

Tab. 5 - Les consuls de France à Alger de 1655 à 1717

1655-1661	Jean Barreau
1661-1671	Jean-Armand Dubourdieu
1671-1674	révérend père Jean Le Vacher
1674-1675	Laurent Arviou, dit le chevalier d'Arvieux
1675-1683+	révérend père Jean Le Vacher
1683-1684	Denis Dusault
1684-1685	Ogier Sorhainde
1685-1687+	André Piolle
1687-1690	Barthélémy Mercadier
1690-1697	René Le Maire
1697-1705	Philippe Jacques Durand
1706-1717	Jean de Clairambault

En août 1681, une ordonnance de marine allait faire des consuls des officiers nommés par le roi. De commerciale, la fonction devenait administrative, ce qui justifiait la nomination de son titulaire par le ministère, décidée sous Pontchartrain le 31 juillet 1691 par un arrêt du conseil. Le consul disposait dès lors d'une autorité juridictionnelle, et faisait la police des ressortissants français qui se trouvaient donc, en principe et sur le papier, assujettis au droit de leur pays. Une liste de précisions réglait au détail près ce qu'il pouvait ou non faire, signifiant au titulaire une authentique autorité formelle. Du point de vue symbolique, lequel comptait en diplomatie, il avait - officiellement depuis 1666 - préséance sur les représentants des autres nations présentes à Alger, peut-être en souvenir des capitulations qui avaient longtemps donné au commerce avec la France une sorte d'exclusivité. En 1685, Seignelay avait réuni, pour mieux les contrôler, les consulats de Barbarie et du Levant dans une même ferme générale censée coordonner l'action de sous-fermiers achetant leur charge ; à Alger, Piolle avait payé la sienne 15 000 livres tournois, ce qui montre bien que la fonction pouvait être rentable.

Au plan pratique, l'essentiel des contentieux que les consuls étaient amenés à défendre portaient sur l'application des traités et autres capitulations. Les Français sur lesquels ces consuls avaient juridiction étaient concernés pour autant que des bateaux leur appartenant étaient saisis, ou seulement même contrôlés, ou quand arrivaient au port des prises de marchandises et de marins de France dont l'illégalité était flagrante. C'était le lot courant, de quoi occuper son homme.

On mesure aux termes de référence d'une telle charge, la difficulté consistant pour les consuls, à défendre au bénéfice de leurs concitoyens un droit soi-disant international établi par deux états dont on sait qu'ils cherchaient systématiquement à l'enfreindre. Seul représentant de la France devant un *dey* qui, en période de crise, n'était là que pour donner tort aux Français, le consul n'existait sur place que pour se faire sermonner, au risque bien réel de se retrouver mis au bagne, voire même assassiné. Dès qu'un bateau algérien était signalé pris par un corsaire français, le consul était le premier arrêté.

A partir de 1685, le rôle des consuls français d'Alger allait se restreindre à une simple représentation de routine qui les laisserait libres de vaquer à leurs (plus ou moins) propres affaires. A l'occasion des épisodes les plus guerriers de la série, les deux Colbert se méfiaient même de ces ministres plus ou moins plénipotentiaires qu'ils suspectaient de régler la diplomatie sur leur petit commerce. Louis les regardait même comme des alliés du *dey*, avec lequel ils avaient pris l'habitude de garder de bonnes relations d'affaire, pour des raisons qu'on peut comprendre. Aussi le ministère faisait-il peu de cas de leur sort, ne réglant pas leurs émoluments en dû temps, retardant le plus qu'il était possible leur nomination officielle, que Lemaire et Durand, par exemple, durent réclamer à plusieurs reprises avant d'obtenir satisfaction.

D'un autre côté, les mêmes consuls à Alger se retrouvaient toujours les victimes automatiques de la vindicte du *dey* lorsque celui-ci ne se rappelait plus des cadeaux reçus et qu'il avait à se plaindre de la position de la France à son égard. Régulièrement mis en prison sous quelque menu prétexte, comme les bruits colportés par les consuls concurrents d'Angleterre et des Provinces-Unies, souvent menacé de mort, parfois exécuté (comme le furent donc Le Vacher en 1683 et Piolle cinq ans plus tard), ils étaient tenus de part et d'autre comme responsables de tout ce qui ne marchait pas entre la France et la régence. Ils se trouvaient de plus en butte aux manœuvres des commissaires que le roi envoyait sur place avec les pleins pouvoirs chaque fois qu'il s'agissait de négocier un accord avec le *dey*. Les consuls connaissaient bien la situation à Alger et ce qui pouvait être fait ou même simplement dit, mieux sans doute que les envoyés de Louis qui leur reprochaient de ne pas les aider plus qu'ils ne le faisaient. Ils se retrouvaient bien inconfortablement en butte aux critiques de tous.

L'intrigue était devenue leur méthode de travail. La période est ponctuée de bruits divers et variés plus ou moins habilement colportés par les différents consuls présents à Alger auprès de *dey* soucieux surtout de diviser les influences étrangères pour régner. La France n'est en effet pas le seul pays à établir avec Alger le type de relations fluctuantes qui vient d'être mentionné. Les Anglais et les Hollandais, qui eux-mêmes alternent bombardements et traités avec la régence, sont en particulier liés de la même façon aux humeurs de son chef. Aux périodes déterminantes pour décider de la paix ou de la guerre, on voit nos consuls s'affairer à discréditer les avis des autres, dans un ballet dont le *dey* s'attache à profiter quand il ne le suscite pas lui-même. Toute la période correspondant au règne de Louis XIV est ponctuée d'une succession d'appels grossiers des consuls anglais et français poussant le *dey* à déclarer la guerre aux autres. Sans grand succès toutefois.

Après avoir pris une part centrale et déterminante dans la signature des traités de paix et de commerce avec la régence, surtout en 1674 à l'époque du chevalier d'Arvieux et à celle dix ans plus tard de Denis Dusault, les deux faisant vraiment office d'ambassadeurs, les consuls français à Alger allaient bientôt s'effacer devant les ordres de Versailles.

Sans que ce statut de commissaire du roi pour les affaires courantes ne les empêchât de se trouver au centre de toutes les embrouilles françaises, lorsqu'en temps de crise, l'envoyé spécial du roi cherchait par exemple à le remplacer par un de ses parents, comme ce fut le cas de Dusault qui ne cessa de se plaindre de Piolle et de Lemaire, mais aussi de son parent Sorhainde.

Sans que cette évolution des idées sur le poste ne les protégeât non plus de la vindicte du *diwan* lorsqu'Alger pliait sous les attaques françaises. Ainsi Le Vacher et Piolle qui, lors des bombardements respectifs de 1683 et 1688, périrent mis à la bouche de canons sur l'ordre de *dey*. Tous trois menacés qu'ils étaient de finir de même, Dubourdieu, Mercadier et Le Maire avaient quitté la ville en catastrophe, le premier en 1673, les second et troisième à la fois haïs par le *dey* d'Alger et limogés par le roi de France, respectivement en 1690 et 1697.

A n'en point douter, le poste de consul à Alger n'était alors pas de tout repos, qui menait périodiquement - mais quand même provisoirement - son titulaire au bagne. Le caractère cyclique et ambivalent des relations entre la France et la régence, et notamment cette succession de hauts et de bas, rendait la fonction risquée, même si elle donnait à son titulaire la possibilité d'augmenter ses revenus commerciaux.

La correspondance des consuls de France à Alger est ainsi faite d'une suite de lamentations sur les dépenses qui doivent être faites dans l'exercice de leurs fonctions et la difficulté même du travail diplomatique qui les expose vis-à-vis du *dey* à une sorte d'humiliation permanente. A les entendre, leurs homologues anglais sont beaucoup mieux traités, ce qui rendrait leurs intrigues plus aisées et surtout plus efficaces. Il faut dire que si, par l'arrêt de 1691, le ministère s'était arrogé le pouvoir de les nommer, il s'était par contre complètement défaussé sur la chambre de commerce de Marseille pour ce qui était de leurs charges et dépenses d'entretien, qu'elle devait financer par un droit de tonnelage perçu sur les déclarations des cargaisons françaises, ce que celle-ci ne faisait qu'au compte-gouttes, après se l'être fait répéter plusieurs fois. Déjà régulièrement sollicitée pour les cadeaux au *dey* et l'armement des vaisseaux du roi, quand ce n'était pas pour les amendes auxquelles la course française pouvait être soumise, la représentation des grands commerçants marseillais trouvait peut-être qu'elle contribuait déjà suffisamment à la défense de ses membres pour encore financer un consul qui comptait parmi leurs concurrents les plus directs.

De fait, il y avait déjà quelque temps que les consuls français à Alger étaient nommés par le *dey* lui-même, et non plus par le ministère. Le courrier administratif relatif à ces nominations est particulièrement édifiant à cet égard. Plus qu'aux cadeaux remis à ces occasions, les nominations des consuls tenaient à la susceptibilité et à l'insistance des *dey* à être reconnus comme les véritables chefs : c'est ainsi que Mercadier, mais aussi Lemaire, furent avec insistance proposés respectivement par Mezzomorto et Hadj Chabane. Une sorte d'habitude était prise, à laquelle la France ne mettrait fin qu'en 1697 avec la nomination de Durand.

Le fait que le ministère, au Louvre, à Saint-Germain comme à Versailles, n'ait pas fait montre d'une grande détermination à cet égard souligne une nouvelle fois l'intérêt et donc la volonté française de ne pas brusquer les équilibres existants fondateurs du système économique de la course dont les grands négociants, tout comme l'arsenal des galères de Marseille, profitaient. Il se savait que Mercadier, par ailleurs parent par alliance du *dey*, jouait une sorte de double jeu, qu'on disait favorable à la régence comme aux Anglais, mais Versailles n'avait pas présenté contre lui d'autre candidat, et avait repoussé le moment de le révoquer. De même Lemaire n'avait pas été accepté tout de suite (ce dont il s'était plaint, n'étant pas payé), le ministère n'ayant fini par valider sa nomination qu'après plusieurs relances du *dey*.

Au consul comme aux commerçants français d'Alger et plus généralement à tous les étrangers traînant sur le port, l'instabilité du contexte politique, résultat logique d'une économie de course, imposait de devoir s'adapter en temps et en lieu. C'était bien ce qu'ils faisaient du reste. Et c'était bien aussi, de façon symétrique, la même logique à laquelle devaient se résoudre, en face, les *raïs* et autres financiers de la régence, qui au gré des guerres et des paix avec la

France, pliaient un moment le dos sous les bombes avant de resurgir prêts à la course et s'en enrichir aussitôt, à chaque fois comme régénérés.

Janissaire
gravure de C. Weigel l'Ancien, d'après C. Luyken
s.ed., Nürnberg, 1703.

Chapitre 3

Faire la police du commerce

On imagine bien que pour se venger et aussi se prémunir d'attaques des corsaires barbaresques dont les négociants marseillais se plaignaient lorsqu'elles devenaient trop nombreuses, la marine française ait pu se mettre en alerte, et envoyer de petites escadres faire la police de la mer.

Il s'agissait de montrer que la Royale était là, et que nul ne pouvait se permettre d'attaquer les négociants français sans subir des pertes conséquentes. Il s'agissait aussi pour la France de profiter de l'occasion pour prendre le plus possible de « turcs » destinés aux galères du roi.

Heurs et malheurs du Bastion-de-France

Si Louis XIV attribuait une telle importance à la liberté du négoce français en Méditerranée, ce n'était pas tant parce qu'il croyait aux vertus du libre-échange, que parce que la France disposait sur le territoire de la régence d'un comptoir commercial doté de droits exclusifs, et que ces droits étaient périodiquement remis en cause par Alger, mais aussi par les nations concurrentes.

Les capitulations avec la Porte ne s'étaient pas contentées de déclarer libre le commerce des deux pays, elles avaient également autorisé les Français à disposer dans l'Est de la régence d'un comptoir de commerce où leur était concédée l'exclusivité de la production et du commerce. Moyennant le paiement de taxes dont profitait le *bey* de Constantine mais également le *dey* d'Alger, les Français s'étaient vus attribuer sur plusieurs points de la côte le monopole du commerce d'exportation des blés, cuirs et laines, de même que la pêche et la revente du corail, dont les fonds marins du coin regorgeaient.

La zone concédée était plutôt restreinte, limitée à une bande côtière s'étirant en gros de Bône (aujourd'hui Annaba) à la frontière avec le *beylik* de Tunis (qui est à peu de choses près celle séparant aujourd'hui l'Algérie de la Tunisie). Les Français y avaient installé un comptoir commercial, auquel ils avaient donné le nom significatif de « Bastion-de-France ».

Ce monopole datait déjà du milieu du XVIe siècle, quand une famille corse de Marseille, les Lenciù, avait formé une société de commerce avec une dizaine d'associés « intéressés », et acquis officiellement en 1560 les droits de pêche du corail dans la zone qu'ils s'étaient déjà plus ou moins appropriée. Ils n'étaient certes pas les seuls à se livrer à ce commerce dans ce coin de Méditerranée, puisque plus à l'Est encore, des Gênois avaient obtenu avant eux du *beylik* de Tunis les mêmes avantages autour de l'îlot de Tabarque (aujourd'hui Tabarka).

Les contrats de concession, obtenus par lettres patentes pour une durée de temps limitée généralement à trois ou cinq ans (il y en eut donc de nombreux, par exemple en 1553, 1559, 1563, 1568, 1570, 1574, 1579, 1582, 1597 et encore en 1602) étaient placés sous la juridiction française et non celle de la régence d'Alger. La grande liberté qu'ils donnaient aux concessionnaires avait alors suscité la jalousie et la concurrence des Gênois qui y pêchaient avant les Lenciù, et même de deux autres compagnies françaises (celles de Nicolle et celle de Guiran) contre lesquelles les Corses avaient dû bagarrer pour conserver leurs avantages, qu'ils avaient fait garantir par le roi.

Même si chacun des contrats donnait lieu à de nouvelles discussions amenant le plus souvent à augmenter sensiblement la redevance payée au *dey*, l'affaire restait plus que rentable.

Il faudrait quand même attendre le début du XVIIe siècle pour que la concession soit attribuée par le roi de France, alors Henri IV, aux Lenciù à titre définitif, en remerciement de leur engagement récent contre la Ligue. La famille, qui avait francisé son nom en « Lenche », était devenue entre-temps l'une des plus puissantes de Marseille. En 1604, son héritier acceptait, contre une pension annuelle de 4 800 livres tournois, de vendre à Guise (le fils aîné du Balafré, alors gouverneur de Provence) ses droits, lesquels reviendraient sous Richelieu à l'Etat.

Au commencement au moins, l'exploitation des fonds marins alentour devait être particulièrement lucrative, si l'on en juge par le nombre de barques coraillères (petits bateaux à rames et à voiles latines) qui dès le début, dépassait la cinquantaine, correspondant peut-être à un effectif de marins-pêcheurs de l'ordre de 250 à 300.

> « La seule pêche de corail peut fournir à toutes les dépenses de cet établissement, & la traite du bled est si considérable qu'elle peut donner un très-gros profit à ceux qui ont assez de fonds pour fournir aux achats[8] »

en dit le chevalier d'Arvieux, c'est-à-dire le père Labat. Il fallait certes pour cela arroser de cadeaux les autorités d'Alger - lesquelles se livraient à ce sujet à un véritable chantage tournant le plus souvent au *racket* - et parfois même aussi la cour de France, mais les profits étaient tels qu'ils permettaient tous les arrangements et autres sous-mains. En particulier les pourboires versés pour se permettre d'exporter le blé étaient réputés colossaux.

Les Lenciù devenus donc Lenche expédiaient leur corail au Levant, où ils se chargeaient en épices de valeur (surtout le poivre et le gingembre) avant de rentrer à Marseille. Avec le temps, les pestes marseillaises de 1580 à 1620, et l'épuisement progressif de la ressource, l'exploitation se translatait d'abord du Bastion-de-France à La Calle (aujourd'hui El-Kala), sur une presqu'île aussitôt dénommée l'Ilot-de-France. Puis ce fut vers l'exportation de grains, notamment les blés durs d'une exceptionnelle qualité des plateaux constantinois, que les concessionnaires s'orientèrent. D'abord interdit bien que toléré aux Français, ce négoce céréalier allait déplacer les transactions sur le port de Bône (aujourd'hui Annaba), qui allait dès lors se trouver officialisé et inclus dans le contrat avec la régence.

La concession du Bastion-de-France pouvait bénéficier aux deux parties : les Français profitaient du commerce du corail et des grains, quand la régence d'Alger prélevait les taxes générées par les activités conduites. Chacun avait donc en principe le plus grand intérêt à ce quelle existât et qu'elle fonctionnât du mieux possible.

Encore eut-il fallu que chacun des deux protagonistes ne passât point son temps à déplacer l'équilibre établi lors des traités de concession : les Français en armant en douce de canons ce qui n'aurait dû être qu'un entrepôt, et en commerçant ouvertement le blé alors que

---

[8] *Mémoires du chevalier d'Arvieux, envoyé extraordinaire du Roy*, par le R.P. Jean-Baptiste Labat, à Paris, chez Charles-Jean-Baptiste-Delespine, 1735, tome cinquième, p. 59.

ce n'était pas mentionné dans les accords ; les Turcs, en revenant encore et encore sur le montant de l'impôt stipulé au contrat, montant qu'ils ne cessaient d'augmenter.

Jusqu'à en arriver périodiquement à des mots plus hauts que d'autres, qui entraînaient alors l'incendie du comptoir, assorti ou pas du massacre de ses habitants.

L'histoire plutôt mouvementée du Bastion-de-France est ainsi faite d'une succession de périodes d'activité commerciale plutôt juteuse, entrecoupées d'attaques des janissaires d'Alger qui se sont toutes soldées par le départ des Français. Les Corses du début ont ainsi été chassés des lieux en 1551, de 1568 à 1582, de 1586 à 1597, puis de 1604 à 1608, de même que les troupes de Guise à qui Henri IV avait donné la concession, de 1617 à 1628.

Le plus souvent, les bâtiments étaient brûlés et donc partiellement détruits, et les occupants - des Maltais surtout, et aussi des Toscans - mis en esclavage.

Le plus souvent, la Porte ne bougeait pas, cautionnant par son silence l'intervention de la régence contre les Français. En 1604 pourtant, l'incendie du Bastion par le gens du *pacha* avait suivi de peu la signature en grandes pompes entre Henri IV et le sultan ottoman Ahmed 1er d'une réédition des capitulations qui donnait un poids particulier au monopole donné aux Français. L'initiative du *pacha* d'Alger Süleyman apparaissait trop comme un déni à l'autorité du Grand Seigneur pour ne pas s'attirer les foudres du prince, qui le faisait bientôt destituer puis étrangler. Il avait fallu quand même pour cela une intervention forte et répétée de l'ambassadeur de France Savary de Brèves.

Le plus souvent, le nouveau concessionnaire devait payer rubis sur l'ongle la reprise des affaires locales. Celui par exemple envoyé en 1626 par Richelieu avec pour mission d'obtenir un accord, avait dû se soumettre aux exigences du *pacha* qui n'avait pas hésité à doubler la taxe. Et la France, toute contente de retrouver sa concession, avait bien accepté le marché, tel que fixé par l'accord de 1628. Ce Sanson Napollon, un Corse marseillais cousin des Lenciù (de son vrai nom Napoleoni, francisé Napollon puis anobli d'Orche de Centuri), devenu gentilhomme de la chambre du roi Louis XIII, déclarait à qui voulait l'entendre - peut-être pour cacher ses énormes bénéfices - que l'intérêt du Bastion-de-France était surtout de renseigner sur les allées et venues des galères barbaresques et de fournir le cas échéant une base militaire de débarquement. Il s'attachait aussi, tout en soudoyant les ministres, à remonter les locaux (les « Mores ») contre les Turcs, ce qui ne plaisait que modérément à ces derniers. Profitant de sa mort (Napollon avait été tué en 1633 dans l'assaut qu'il avait mené contre l'île de Tabarque qui servait de port d'attache aux bateaux gênois venant l'attaquer), le *pacha* Yusuf faisait détruire une nouvelle fois le comptoir par le *raïs* Ali Bitchini. Mais c'était sans compter sur la pression des tribus du coin qui exigeaient elles-mêmes le rétablissement du poste, dont elles vivaient jusqu'ici. Et le *bey* de Constantine, sous la menace d'une grève des impôts, le faisait rétablir d'autant plus vite qu'il en vivait lui-même également.

A cette époque, il y avait au Bastion, La Calle et cap Rose réunis, quelque chose comme 400 hommes, dont une bonne centaine de militaires. Le comptoir se réduisait à vrai dire à quelques bâtiments que la perspective de les voir un jour brûler n'avait pas convaincu leurs occupants de s'en occuper davantage. La description qu'en fait d'Avitt sur la foi de ce qu'en disaient tous les contemporains mentionne brièvement

> « les ruines de ce bastion demoly depuis quelques années par la milice d'Alger à l'occasion d'vne famine svruenvë à ce Royaume, dont elle rejetoit la cause sur les traites des bleds qui se faisoient en ce lieu. Au reste ce bastion n'estoit pas vne forteresse, comme il semble que le mot le marque, mais seulement vne maison plate, bastie par permission du grand Seigneur, pour retraite des François peschans le coral en Barbarie, & par mesme moyen enlevans toute sorte de marchandises, comme grains, cuirs, cires, cheuaux, d'autant plus librement, & à meilleur prix, qu'à Tabarque, Isle des Genois, qu'il ne s'y tenoit aucuns Turcs pour l'empescher[9]. »

La convention rendant la concession à la France tout en renouvelant les capitulations, signée en 1640 entre le *pacha* Hussein et un émissaire du duc de Guise, Jean-Baptiste de Coquiel, gentilhomme de la chambre du roi Louis XIII, prévoyait même de punir tous ceux qui porteraient atteinte aux intérêts français du Bastion. De quoi rassurer les différents concessionnaires qui allaient se succéder aux commandes de la petite colonie.

---

[9] *Description generale de l'Afriqve, seconde partie dv monde, avec tovs ses empires*, faite par Pierre d'Avitt, à Paris, chez Claude Sonnivs, 1637, p. 198.

Encore que loin de faciliter les rapports avec les Turcs, le calme relatif du moment devait donner lieu à de multiples diversions qui chaque fois amenèrent à reprendre le contrat de concession, qui se trouva ainsi réécrit sinon modifié 14 fois durant le seul règne de Louis XIV. Peu d'histoires sans doute avec Jean-Baptiste de Coquiel lui-même, lequel se déclarait prêt à négocier avec les corsaires de l'autre camp jusqu'à acheter la paix : il fallait que les affaires soient juteuses, pour qu'on les fît à n'importe quelles conditions. Mais le gérant qu'il avait déposé sur place, le négociant marseillais Thomas Picquet, échouait à remonter le Bastion. Autoritaire et brouillon, passablement corrompu, il refusait quant à lui de payer ses dettes et le tribut qu'il devait au *pacha*, avant d'abandonner le poste et s'enfuir en novembre 1658 en emportant des « Mores » qu'il allait revendre à Livourne aux galères du grand-duc de Toscane, ce qui ne pouvait que ramener un moment les problèmes. Si Colbert, qui apparemment ne s'en offusquait guère, passait vite l'éponge sur ce qu'il considérait pourtant comme un détournement et même une traîtrise, l'épisode avait de quoi plomber les relations avec Alger. En conséquence de quoi le comptoir se trouvait en 1658 une nouvelle fois attaqué et partiellement brûlé.

Dans la confusion ambiante, Louis XIV nommait un certain Louis Campon, directeur du comptoir, juste pour montrer que c'était lui qui commandait, et non l'*agha*. Le roi avait également obligé la chambre de commerce de Marseille de racheter les Mores saisis (et déjà revendus) par Picquet. La concession ne serait pourtant renouvelée, au profit d'un certain chevalier Pierre de Romignac, que par un traité du 9 février 1661 qui n'aurait pas de suite concrète, faute d'engagement du signataire à compenser de sa poche le déficit créé par la défection de Picquet. Les commentateurs français signalent que l'assassinat contemporain de l'*agha* Ramdane n'avait pas vraiment aidé non plus à ce que les affaires repartent.

Il faudrait alors attendre février 1666 pour que Colbert envoie un commissaire général de la marine, André-François Trubert, négocier avec l'*agha* la paix et le rétablissement du comptoir au profit des Français. Et l'on réussissait vite à s'arranger, tant chacune des deux parties avait intérêt à reprendre les affaires. Dès le mois de mai, un nouveau traité était signé pour le compte d'un commerçant marseillais, Jacques Arnault, qui reprenait donc les rênes du Bastion. Il avait pour ce faire l'appui des Turcs, mais ne disposait pas de l'argent qu'il aurait fallu pour faire tourner l'affaire et que le ministère lui refusait. Il faut dire que Colbert avait pratiquement déjà décidé de mettre à sa place son directeur Lafont, lequel se faisait appeler de La Tour La Font, et avait créé une nouvelle compagnie qui obtenait déjà du roi, à la place dudit Arnault, le monopole du Bastion. Arnault, lâché par les négociants marseillais de son groupe d'intéressés lesquels finalement refusaient de le financer, n'en avait pas moins décidé de s'accrocher sur place, avec l'appui explicite de l'*agha* qui avait pris fait et cause pour lui. Le conflit, qui minait le fonctionnement et les résultats du comptoir, n'était pas tant entre deux hommes, comme les historiens l'ont compris, mais bien plutôt entre deux visions du développement du Bastion.

Deux camps s'affrontaient alors quant à l'avenir du poste.

Celui des commerçants marseillais d'Alger qui se disaient victimes de la part du Bastion d'une concurrence déloyale, soutenait, avec le révérend père spiritain Le Vacher qui faisait alors office de consul, la nécessité de s'entendre avec l'*agha* d'Alger, dont ils étaient géographiquement plus proches. Ceux-ci demandaient le maintien de Jacques Arnault qui avait œuvré au rétablissement de la paix entre la France et les Algériens, quels que pussent être les problèmes financiers du moment sur la solution desquels on pourrait toujours s'arranger par la suite. Pour eux, qui entendaient bien contourner l'exclusivité de principe dont bénéficiait la concession, la priorité restait que les affaires repartent, au grand bénéfice de chacun quelle que soit la fiscalité, que les profits importants pourraient toujours couvrir. Accepter les taux imposés par l'*agha* ne pouvait aucunement faire problème. Ceux-ci pensaient même que le chef de la régence les soutiendrait en cas de conflit avec ceux de la concession. Arnault était leur homme.

Le camp d'en face, celui des plus gros actionnaires du nouveau montage, qu'étaient Lafont, négociant lyonnais, Lalo, conseiller au Parlement de Grenoble et Masson de La Fontaine, le contrôleur des gabelles, tous trois protestants, et tous trois soutenus à Paris par Colbert et à Marseille par l'intendant des galères Arnoul, recherchait quant à lui l'appui politique, et qu'il espérait aussi financier, du ministère en cas de difficultés, ce qui passait par l'acceptation de toutes les directives royales qui, pour Louis, avaient valeur de décisions. Comme le roi voulait à tout prix subordonner l'*agha* d'Alger à ses volontés, Arnault le négociateur ne pouvait faire l'affaire, et le plus simple était de le remplacer par l'un d'entre eux,

Lafont donc, qu'on avait bombardé directeur de la société. Pour eux, ce n'était pas à l'*agha* de décider des termes du contrat, mais au roi, et au roi seul. Il ne fallait surtout pas que le candidat de la régence, le sieur Arnault, restât le chef de la concession.

Selon qu'on suive les premiers ou les seconds revenait à mettre l'accent sur les bonnes relations entre la France et Alger, ou au contraire sur la rentabilité de la concession. Cela revenait aussi à renforcer le pouvoir de l'*agha* sur ce qui se faisait au Bastion, ou au contraire celui du roi de France. On peut comprendre ainsi que les positions alors aient pu autant se figer.

Un premier émissaire de Colbert, le conseiller Turpin, envoyé faire gouverneur du Bastion, avait échoué à s'imposer. En 1672, une mission conduite par Martel auprès du *dey* pour destituer Arnault se heurtait à l'intransigeance algérienne. Et la démonstration navale ratée d'Almeras devant Alger en août 1673 n'avait réussi qu'à aggraver le conflit avec le *dey*, lequel n'avait pas apprécié que le consul Dubourdieu en profitât pour s'enfuir ainsi que des esclaves.

L'envoi sur place du chevalier d'Arvieux, chargé de régler le différend, bombardé pour l'occasion consul de France à Alger à la place de Le Vacher, et à qui Colbert demandait de prendre une nouvelle fois fait et cause pour Lafont en opposition donc au *dey* qui tenait au maintien en place d'Arnault, ne faisait qu'aggraver la situation. Le vaniteux Arvieux entendait en effet décider lui-même de qui resterait le maître du Bastion. Sans être très clair sur ses intentions, il penchait plutôt en faveur d'Arnault, s'attirant les critiques de tous. Arnault, qui sur place ne recevait plus les bateaux marseillais, s'était alors mis à traiter avec Gênes et Livourne, et se trouvait bientôt condamné pour trahison. On arrêtait même sa femme et ses enfants à Marseille, avant de les relâcher.

Une solution, présentée comme un compromis, était péniblement annoncée par d'Arvieux et Lafont à Colbert, selon laquelle

> « La Compagnie s'obligera à donner douze mille écus à M. Arnaud pour son dédommagement, à obtenir son amnistie en bonne & due forme, & à payer toutes les dettes de l'établissement [10] ».

---

[10] *Mémoires du chevalier d'Arvieux, envoyé extraordinaire du Roy*, par le R.P. Jean-Baptiste Labat, *op.cit.*, tome cinquième, p. 76.

Aucune des deux parties n'était certes disposée à appliquer ce qui n'était même pas un accord, et chacun campait sur ses positions. Sur place, d'Arvieux peinait à faire impression :

> « j'avois mon épée au côté, »

expliquait-il

> « ma canne à la main, & un habit assez propre pour être distingué de tous ceux qui m'accompagnoient[11] »

sans qu'on ne fît trop attention à lui. A Alger, la position aussi hésitante que rigide du nouveau consul, qui avait été chargé par le ministre de défendre cette solution quitte à s'opposer au *dey*, n'aidait pas vraiment. D'autant que le *dey* justement, Hadj Mohammed Et-Triki, allait jusqu'à soupçonner l'intrigant Lafont d'avoir cherché à le faire assassiner en soudoyant le *bey* de Constantine. Au bout du compte, le pédant d'Arvieux réussissait à se mettre tout le monde à dos, et se faire renvoyer par les deux parties. Pire, vexé de ne pas être écouté par les Français, le *dey* se rapprochait des Provinces-Unies dans l'idée de signer avec elles une paix favorable à leur commerce, donc directement nuisible aux Marseillais.

Finalement, le conflit ne se règlerait que par la mort en 1674 d'Arnault, resté sur place et emporté par les fièvres. Lafont le remplaçait alors aussitôt au Bastion, après avoir apporté au *dey* et à son gendre ce qu'il fallait de cadeaux, d'un montant qu'on a dit de 40 000 piastres, en sus des lismes en retard. Mais sans régler aucune de ses dettes aux héritiers d'Arnault, sans empêcher surtout le commerce du corail de continuer de péricliter, et la nouvelle compagnie de bientôt se dissoudre.

En 1677, le Bastion, reconstruit et fortifié, se présentait comme un petit poste militaire, équipé pour le casernement d'une dizaine d'hommes défendus par une batterie de quatre canons.

---

[11] *Ibid.*, tome cinquième, p. 81.

Tab. 6 - Les capitaines-gouverneurs du Bastion-de-France de 1661 à 1715

	au Bastion Vieille-Calle
1666-1674+	Jacques Arnault
1674-1678	Lafont
1678-1679	Denis Dusault
	à l'Ilot-de-France
1679-1688	Denis Dusault
1691-1706	Pierre Hély
1707-1714	Demarle

Il faudrait attendre 1678 et l'arrivée d'un nouveau gouverneur, le dénommé Denis Dusault (se disant du Sault), une fois encore parachuté depuis Versailles, pour que le commerce reprît sur des bases claires et apaisées, fixées par un accord du 11 mars 1679 signé par le *dey* Hadj Mohammed Et-Triki. L'abolition proclamée définitive des dettes du comptoir, notamment celles contractées par Picquet et Arnault, était censée permettre de repartir sur des bases apurées. Dusault, qui avait pris une part active à la rédaction du nouveau contrat, s'était fait attribuer par arrêt du conseil du 23 février 1678 à titre personnel le monopole du commerce en Barbarie, avant d'être en avril 1684 reconnu officiellement par la France comme

> « proprietaire incommutable des Places du Bastion de France, La Calle, Cap de Rose, Bonne, Staros, Le Collo, Bougie, Gigery & autres en dependantes ; excluant des à présent & à toujours toute autre personne d'y prétendre, ni de faire aucun commerce sans son aveu & permission expresse[12]. »

---

[12] Traité faict du consentement du Très-Puissant Empereur de France, entre Nous le Très-Illustre Bacha, Divan & Milice d'Alger, & le Sieur Denys Dusault, avquel Nous avons donné permission de s'aller establir au Bastion de France, en Barbarie. Du vingt-troizième d'Avril. 1684. ; in : *Corps Universel Diplomatique du droit des gens, contenant un recueil des traitez d'alliance, de paix, de treve* par M. J. Du Mont, à Amsterdam chez P. Brunel, R. et V. Wetstein et G. Smith, Henri Waesberge & Z. Chatelain ; à La Haye chez P. Husson et Charles Levier, volume VII, partie II, 1731, p. 74.

C'est ce Dusault qui décidait de transférer l'ensemble des activités du comptoir à l'Ilot-de-France, devant La Calle (*cf.* Tab. 6), et qui deviendrait l'ami du *dey* Hadj Hussein (plus connu sous son surnom de Mezzomorto), prenant une part déterminante à la signature du traité de paix et de commerce avec Alger, du 25 avril 1684. Le 23, deux jours avant l'accord de paix, Dusault s'était en quelque sorte autoproclamé « propriétaire » du Bastion-de-France, et non plus simple locataire.

L'effectif des pêcheurs n'en continuait pas moins de diminuer, le corail se faisant déjà plus rare et surtout moins beau. La compagnie, aux finances minées par le conflit opposant Dusault aux autres actionnaires, par ailleurs plombée par la fermeture de la concession en 1683 puis en 1688 à l'occasion des bombardements d'Alger, ne vivrait guère plus de temps que celles qui l'avaient précédée.

En 1688, une nouvelle société d'intéressés, celle dite « compagnie des François » bientôt transformée sous la présidence d'Hély, un autre commerçant de Marseille, était formée, sur des capitaux réunis par des négociants eux-mêmes et toujours marseillais. Les incertitudes de la diplomatie cédaient le pas devant les intérêts purement commerciaux. Le traité de concession était certes officialisé et mis en bonne et due forme. D'abord le 5 mai 1690, après signature du traité de paix de septembre 1689. Puis à nouveau le 1er janvier 1694, entre le *dey* Hadj Ahmed et l'armateur Annet Caisel, un envoyé de Praslin, le chef des négociants marseillais ayant délégation de Pierre Hély. L'accord, qui portait remise des dettes antérieures, servirait de base à tous les autres signés dans les années qui suivirent.

Mais le corail se faisait de plus en plus rare, quand les procès entre anciens intéressés sur le règlement d'installation de la nouvelle compagnie, allaient durer jusqu'en 1715, nuisant aux revenus du commerce. Plus généralement même, le fonctionnement concret du comptoir restait contraint par le conflit latent opposant ses gestionnaires aux négociants français d'Alger qui contestaient leur monopole, de même qu'à l'administration turque qui cherchait en permanence à trouver dans les textes des failles permettant de reprendre la main sur les décisions. L'exclusivisme qui avait présidé à la signature du traité avec Dusault avait eu comme première conséquence de relancer le débat sur la légalité des transactions entre Marseille et Alger, qui s'effectuaient au détriment justement des affaires du Bastion. Le contrat de concession avait beau avoir prévu que le commerce pourrait continuer même en cas de guerre entre la France et la régence d'Alger, c'est peu de dire que les affaires ne payaient plus autant qu'elles ne l'avaient fait.

Le 9 octobre 1706, un arrêt du conseil du roi reconnaîtrait la « Compagnie d'Afrique », elle aussi fondée par la réunion de grands négociants du port de Marseille. Le nouveau montage disposerait d'arguments apparemment plus sérieux dans la négociation des termes du contrat, puisqu'elle allait obtenir du *dey* l'autorisation officielle d'exporter le blé, ce que tous les concessionnaires faisaient déjà de façon illégale depuis belle lurette. Son contrat de concession serait confirmé en mars 1707, et à nouveau en mars 1710. En août de cette même année, le statut de la société concessionnaire changerait, lui permettant le 15 juillet 1714 de signer cette fois-ci par accord direct entre le gouverneur Demarle et le *bey* Hassen de Constantine. La nouvelle compagnie de commerce bénéficierait dès lors du monopole général du commerce avec la régence, qu'elle allait conserver jusqu'en 1791 en se transformant en « Compagnie royale d'Afrique », société d'Etat à durée perpétuelle et à l'assise financière élargie.

C'est cette « Compagnie royale d'Afrique » qui bâtirait alors à La Calle et Bône, sur le commerce des grains, les prémices d'une véritable colonie.

A quoi servent les traités ?

Ce n'est certes pas qu'à La Calle, dont on vient de voir les vicissitudes, qu'accords et autres traités se voyaient périodiquement récusés, tant par les uns que par les autres, parfois même sur une initiative quasi commune. A compétence plus générale, des « traités de paix et de commerce » furent en effet signés entre la France et la régence d'Alger, de façon directe, sans passer par l'aval de la Porte dont Alger entendait bien s'affranchir.

Ils le furent d'abord sous Louis XIII et Richelieu, respectivement le 21 mars 1619 par l'entremise de Guise, le gouverneur de Provence, et le 19 septembre 1628, grâce à la mission de Sanson Napollon. Ils le furent ensuite et à plusieurs reprises, durant le règne de Louis XIV, en 1666, 1670, 1684, 1689 et 1698. Doutant de plus en plus qu'une capitulation octroyée par le Grand Seigneur pût servir à quelque chose dans les relations commerciales avec les Barbaresques, la France avait pris l'habitude de signer directement avec Alger, comme elle le ferait également avec Tunis et Tripoli, des accords de non-agression réciproque.

Tab. 7 - Traités de paix et de commerce entre la France et les états barbaresques d'Afrique du Nord de 1619 à 1710

Alger	*Tunis*	*Tripoli*
21 mars 1619 **19 septembre 1628** **7 juillet 1640**		1662
17 mai 1666	25 novembre 1665 28 juin 1672	
25 avril 1684		27 novembre 1681 29 juin 1685
25 septembre 1689	30 août 1685 16 décembre 1691	
12 mars 1698		27 mai 1692
	28 juin 1699 31 octobre 1700 16 décembre 1710 3 juin 1711	1699

Une séquence répétitive ferait donc se succéder des périodes d'agression mutuelle, où les corsaires des deux parties intensifiaient leurs attaques et aussi leurs prises, à d'autres où les deux soi-disant alliés ou ennemis - c'est selon - avaient un intérêt commun à ce que tout cela se calmât et donc à ce qu'on signât la paix. Plus significatif encore, ce qu'on signait chaque fois était quasi-identique, jusqu'aux termes employés. Aux dates susdites, on éprouvait donc le besoin, à Marseille comme à Alger, de se répéter qu'on était alliés, qu'on devait donc cesser les attaques corsaires, que le commerce serait désormais à nouveau libre entre les deux camps, et qu'on devrait en conséquence de quoi s'échanger les prises que chacun aurait pu faire antérieurement en opposition à ce qu'on avait en quelque sorte décidé d'un commun accord. La redondance même des dispositions adoptées était l'aveu formel de ce que l'accord précédent n'avait pas été appliqué.

Tab. 8 - Traités de paix et de commerce entre la régence d'Alger et les principaux états européens de 1619 à 1698

France	*Angleterre*	*Provinces-Unies*
21 mars 1619 **19 septembre 1628** **7 juillet 1640**		mars 1662
	avril 1662 30 octobre 1664	
17 mai 1666 **11 février 1670**		
		1er mai 1680
	22 avril 1682	
25 avril 1684 **24 septembre 1689** **4 mars 1698**	1686 (Sloane) 1700 (Munden)	

Le scénario était à chaque fois le même. On s'entendait sur les termes, suffisamment précis pour clarifier certains aspects, mais suffisamment généraux ou ambigus pour laisser place à des pratiques sinon contraires, du moins différentes. De fait, aucun des deux signataires ne se faisait d'illusion sur ses propres engagements, chacun cherchant au contraire d'emblée les voies et moyens qui lui permettraient de contourner certaines des contraintes en principe établies.

Car comment chacun des deux protagonistes aurait-il pu sérieusement décider, comme il est généralement écrit noir sur blanc, de cesser ce qui faisait alors sa raison d'être militaire et commerciale ? Qui pouvait croire que Louis pût renvoyer au bercail les rameurs turcs qu'il avait tant eu de mal à ramasser, ceux dont il ne pouvait justement se passer pour que voguent ses galères ? Ou que le *dey* d'Alger quel qu'il fût, décidât par on ne sait quel miracle, de renoncer aux prises de course, dont on sait qu'elles faisaient le plus gros de son trésor et auxquelles, sous le règne de Louis XIV en tous cas, il devait son poste ?

Alors, le moment de paix était le plus court possible, pendant lequel on en profitait pour multiplier les échanges commerciaux, de blé et d'huile vers la France, d'armes et autres munitions ou pièces de grément en sens inverse, au bénéfice mutuel des deux acteurs. Pour des pays censés être alliés puisqu'ils avaient signé entre eux toute une série de traités de paix, les périodes de calme restaient réduites à leur plus simple expression : de 1668 à 1670, de 1685 à 1687, de 1689 à 1691 et peut-être en 1711, pour ne parler que du règne de Louis XIV. Pendant ces quelques années, on voyait alors s'affairer les commerçants des deux bords, les Français se dépêchant de vendre aux Algériens les armes, munitions et gréments dont ils avaient besoin, qu'ils aient espéré que ceux-ci s'en servent contre les Anglais et les Hollandais, ou qu'ils aient tout simplement privilégié leurs profits à court terme.

Il y avait certes bien quelques accrocs, le plus souvent des *raïs* d'Alger accostant des navires marseillais avec une rudesse un peu forte. Mais on s'en excusait volontiers, le *dey* répétant à l'envi qu'à l'avenir, promis juré, les vaisseaux français ne feraient plus l'objet d'attaques intempestives, et Louis s'empressant aussitôt d'assurer son comparse qu'il faisait tout pour que soient appliqués à la lettre des termes du traité. Par-delà la politesse obligée des formules diplomatiques, on sentait bien toujours une tension réciproque des relations entre les deux larrons, mais les affaires pouvaient quand même continuer.

Puis, aussitôt que les indicateurs laissaient penser que le trésor de la régence en pâtissait, ou que, de l'autre côté, l'approvisionnement des galères de Marseille en turcs se trouvait réduit de même, c'était à nouveau la guerre de course qui reprenait, déclarée, disait-on par l'autre camp, en fait par les deux ensemble. Las d'attendre en vain la restitution des turcs retenus captifs sur les galères de Marseille, le *dey*, poussé par la milice, se risquait à reprendre les hostilités. Sous pression des grands négociants marseillais se plaignant d'une recrudescence des attaques barbaresques, Louis envoyait d'impressionnantes escadres pilonner la ville blanche. Jusqu'à ce que les dégâts causés à la ville et à la flotte d'Alger pour les uns, la nécessité de concentrer les efforts militaires plus au Nord en Europe pour les autres, ne les amènent à négocier une nouvelle « paix » tout aussi provisoire.

Déjà sous Louis XIII et Richelieu, les traités de 1619 et 1628 avaient été chaque fois conclus dans un contexte tendu.
Lorsque le *raïs* Dansa s'était rallié aux Français en emportant avec lui des canons prêtés par le *pacha* algérien, canons que la France refusait de rendre, les attaques de navires marseillais, et donc les réactions de l'autre côté s'étaient faites plus systématiques entre 1611 et 1616. Les deux parties avaient certes intérêt à y mettre fin, mais les tentatives d'échange de prisonniers avaient toutes échoué, chacun refusant de rendre les siens avant que l'autre ne l'ait préalablement fait. En 1618, le roi de France interdisait le commerce avec Alger, ce qui, on l'imagine bien, ne répondait qu'imparfaitement aux récriminations des Marseillais, et n'avait donc aucune chance d'être appliqué.
On avait alors signé la paix de mars 1619, laquelle avait réaffirmé on ne peut plus clairement quelques basiques. Que le régime des capitulations restait en vigueur. Qu'il stipulait bien que les deux nations étaient en paix et qu'elles ne devaient plus se courser. Qu'elles s'engageaient à l'échange complet et gratuit de la totalité des captifs pris de part et d'autre, tous ceux, Français ou non, saisis sur des navires arborant la bannière de France, aussi bien que tous ceux d'Alger versés aux galères de Marseille et de Toulon.
On savait bien que de telles promesses seraient plutôt difficiles à tenir. C'est pourquoi on avait prévu que le point de vue des corsaires d'Alger pût être représenté par

> « deux d'entre eux personnes de qualité, qui résideraient en cette Ville de Marseille, pour forme d'otage, & pour entendre sur les lieux les plaintes qui pourroient arriver[13]. »

---

[13] Traité entre Monsieur de Guise au nom de Louis XIII. Roi de France & les Députez du Bacha & Milice d'Alger. Fait à Marseille le 21. Mars 1619, *in* : *Corps Universel Diplomatique du droit des gens, contenant un recueil des traitez d'alliance, de paix, de treve* par M. J. Du Mont, à Amsterdam chez P. Brunel, R. et

La signature de la nouvelle paix n'avait pas empêché la saisie de bateaux français ni en représailles le massacre des Algériens de Marseille (le représentant Caynan Agha et sa suite), qui avait fait quand même une quarantaine de morts. A titre de représailles, la chasse aux navires français avait repris de plus belle, de telle sorte qu'en moins de dix ans, on comptait plusieurs centaines de bâtiments capturés par les Algériens. Chacune des deux parties accusait l'autre d'être la première à avoir enfreint les termes du traité de paix et de commerce, alors qu'aucune n'avait d'évidence intérêt à ce que le traité fût appliqué.

Les commerçants marseillais voulant à tout prix négocier, Richelieu avait donc envoyé Samson Napollon faire plusieurs navettes à Alger. Cette fois-ci, de juin 1626 à novembre 1627, on s'était fait plus conciliant. On avait amené force cadeaux. On avait rendu les fameux canons de Dansa, qu'on avait fait payer par la chambre de commerce de Marseille. On avait remis à Alger quelque 200 captifs turcs gardés aux galères. Et l'on avait donc finalement signé l'accord du 19 septembre 1628 qui avait également restitué le comptoir du Bastion à la France. On avait insisté à cette occasion sur la nécessité de ne pas inclure dans le contingent à libérer les Français pris sur des bateaux étrangers, qui étaient visiblement suspectés d'être des ennemis d'Alger ou de la France. Et l'on répétait que cette fois-ci, il fallait que la course cessât, et - à en croire le texte - toutes les dispositions étaient prévues pour y mettre fin.

> « En cas qu'il y eust quelque mauvaise personne, tant de la part d'Alger que de la France, qui commist quelque action capable de contrevenir aux articles du présent traité aux prèjudices des Commandements et Capitulations impériales, & qui cherchast quelque occasion de pouvoir rompre cette paix, n'y a point de sujet capable de ce faire : mais tels personnages seront punis de mort cruelle, & à tous ceux qui contreviendront en aucun de ces présents articles, il sera tranché la teste[14]. »

V. Wetstein et G. Smith, Henri Waesberge & Z. Chatelain ; à La Haye chez P. Husson et Charles Levier, volume V, 1728, partie II, p. 330.
[14] Traité entre les Sujets & au nom de Louis XIII. Roi de France & ceux d'Alger pour le Commerce. Fait à Alger le 19. Septembre 1628, *in* : *Corps Universel Diplomatique du droit des gens, contenant un recueil des traitez d'alliance, de paix, de treve*, *op. cit.*, volume V, 1728, partie II, pp. 559.

On avait semble-t-il tout prévu, jusqu'aux moindres détails. Il faut dire qu'on était alors en pleine révolution des *agha*, quand la milice, plus propice à faire la paix, avait pris le pouvoir sur la *taïffa*. Le calme n'avait quand même pas duré, puisqu'à la mort de Napollon, la régence avait refusé à son successeur Le Page la confirmation du traité. On était revenu à la case départ. En mai 1635, Richelieu avait formé une escadre contre la régence, et les attaques réciproques avaient aussitôt repris. Les commerçants français d'Alger avaient été mis aux arrêts, et le Bastion une nouvelle fois brûlé. C'est cette même histoire qui allait se répéter - à plusieurs reprises - sous le règne de Louis XIV.

Alors, à quoi servaient les accords formels, qui en principe mettaient périodiquement fin à la guerre de course ? A rien, est-on tenté de dire. Beaucoup d'historiens en ont conclu que la France, y compris celle de Louis XIV, se laissait berner par les promesses fausses des fameux pirates d'Alger qui continueraient leurs attaques comme si de rien ne s'était passé entre-temps. Encore que…

Sans doute convient-il de faire une première distinction, entre d'un côté les traités de paix et de commerce mettant fin à des hostilités générales, et de l'autre les contrats fixant les conditions dans lesquelles la régence donnait à la France l'exclusivité des droits de production et de commerce dans la zone du Bastion. On n'y dit pas les mêmes choses, et les signatures officielles que revêtent les textes en question valent pour des espaces et des périodes différentes dans l'un et l'autre cas.

Celles fixant les droits et devoirs des exploitants français du Bastion ont plutôt vocation à être révisées, leurs tarifs en tous cas revus le plus souvent à la hausse, en fonction du marché, de la dépréciation générale des monnaies, et surtout du rapport de forces entre le donneur et le locataire. Ceci explique que les traités de concession du Bastion se soient succédé à un rythme de révision supérieur. Rien que sous le règne de Louis XIV, on en compte en effet une quinzaine, c'est-à-dire un tous les quatre ans en moyenne (*cf.* Tab. 9).

Les autres traités, ceux dits « de paix et de commerce », ont sans doute une portée plus générale. Ceux-ci sont d'abord censés servir à régler l'échange des prisonniers respectifs.

On signait bien à chaque fois un papier stipulant qu'on dût à l'avenir faire la paix, mais tout le monde ne retenait du traité que les termes de l'échange des captifs détenus de part et d'autre, reflet du rapport de force du moment. Lorsqu'il se fut agi de s'entendre sur une durée au moins formelle de l'accord, on l'établit en 1689 « pour cent ans » ce qui ne voulait strictement rien dire.

Tab. 9 - Traités de paix, de commerce et de concession du Bastion-de-France entre la France et la régence d'Alger de 1661 à 1715

Traités de paix et de commerce	*Concession du Bastion-de-France*
	9 février 1661
17 mai 1666	
	21 juin 1666
	24 octobre 1667
11 février 1670	
	21 mars 1670
	11 mars 1679
	23 avril 1684
25 avril 1684	
24 septembre 1689	
	5 mai 1690
	1ᵉʳ janvier 1694
4 mars 1698	
	23 juillet 1698
	19 juillet 1700
	novembre 1705
	8 mars 1707
	30 mars 1710
	14 août 1710
	15 juillet 1714

Il faut dire que des deux parties, les points de vue diffèrent largement.

D'un côté, la régence d'Alger s'affiche comme si les deux pays étaient normalement en paix. Elle fait abstraction du passé, et ne veut discuter que du futur. Seules comptent dans l'accord les modalités d'échange mutuel des prisonniers faits dans chaque camp préalablement à la signature. Le *dey* ne retient pour sa part comme base de négociation que l'égalité du nombre de captifs restitués de part et d'autre, la valeur de ceux-ci pouvant faire l'objet d'une discussion portant sur les prix attribués à chacun.

De l'autre la France se met en position de traiter un armistice devant clore un épisode guerrier. Elle entend revenir sur le passé, et exige en conséquence la restitution de tous les captifs français alors détenus à Alger. Elle ne décide donc d'entrer en négociation que lorsqu'elle considère qu'elle est en position de force pour imposer ses conditions. Affirmant que de cette guerre, ils sont les vainqueurs, les Français exigent au contraire la restitution de tous les captifs de la régence, sans s'engager à rien de leur côté et surtout pas à un échange équilibré de prisonniers.

On comprend qu'un tel contexte ne favorise pas l'adoption d'une solution médiane dans des délais brefs, et que le marchandage puisse continuer durant de longs mois. La nécessité dans laquelle les deux protagonistes se trouvent d'arriver à un accord conduit bien sans doute à modérer la position de chacun, et à conclure sur l'échange des captifs. Les textes signés résultant d'un compromis fixent bien quelques règles, mais sur nombre d'aspects, ils ne permettent pas d'éviter de donner lieu à interprétation, s'ils n'ont pas été justement rédigés à cet effet. La plus ou moins grande facilité d'un des protagonistes à accepter les offres de l'autre, se joue alors à l'usure, et dépend fortement de l'esprit du moment.

C'est ainsi que les trois bombardements français d'Alger, des deux de Duquesne en 1682 et 1683, à celui de 1688 par l'escadre de Jean II d'Estrées, ont eu lieu durant une période où les troupes françaises étaient moins engagées dans les guerres européennes, celle de Hollande étant terminée en 1678 et celle de la ligue d'Augsbourg qui l'avait suivie n'ayant commencé qu'à la fin de l'année 1688. Les interventions françaises contre Alger, qui auraient pu tout à fait se justifier en d'autres temps, ne pouvaient en effet intervenir que lorsque les paix européennes libéreraient la France de son engagement ailleurs. Jusqu'alors, on évitait de disperser les forces militaires en ouvrant un autre front au Levant.

Plus généralement même, l'affirmation de la recherche de la paix, figurant en bonne place et répétée qu'elle était dans tous ces traités en des termes semblables pour ne pas dire identiques, contredisait trop la logique économique présidant aux échanges, celle de la course, pour ne pas perdre tout sens.

L'article central en la matière, toujours le même, pouvait bien affirmer qu'

> « à l'avenir, il y aura Paix entre l'Empereur de France & les Tres-Illustres Pacha, Dey, Divan & Milice de ladite Ville & Royaume d'Alger, & leurs Sujets, & ils pourront reciproquement faire leur commerce dans les deux Royaumes, & naviguer en toute seureté, sans en pouvoir estre empeschez pour quelque cause & sous quelque pretexte que ce soit[15] »,

il était évident aux signataires des deux parties, que cette formulation n'était qu'une clause de style.

Une fois le texte signé par les négociateurs, puis validé par les chefs (le roi d'un côté, le *diwan* de l'autre), chacun reprenait sa vie normale et ses affaires, plus discrètement d'abord, puis de façon de plus en plus agressive que se créaient les conditions d'une revanche. On s'appuyait sur l'ambigüité de certains articles pour ne pas appliquer l'ensemble du règlement.

Par exemple, personne ne savait trop dire ce qu'était la loi lorsqu'on prenait sur un bateau de l'autre des captifs de nationalités différentes. Un ordre du roi interdisait bien le rachat, sur les deniers du Trésor, des Français pris sur des bâtiments étrangers. Mais le plus souvent, les mêmes étaient inclus sur la liste de ceux à libérer lors des échanges. La confusion était ainsi entretenue sur le statut de ces prisonniers, qui donnait lieu à des débats contradictoires sans fin.

Ou bien l'identité des prisonniers à restituer, de même que les conditions mêmes de leur restitution, prêtait le plus souvent à interprétation donc à discussion, fournissant au passage le prétexte rêvé pour ne rien faire du tout, et donc ne pas appliquer l'accord. Le

---

[15] à titre d'exemple : *Articles de la Paix accordée par le Chevalier de Tourville au nom du Roy, au Bacha, Dey, Divan, et Milice d'Alger*, Signez le 25. Avril 1684, à Paris, de l'Imprimerie de François Muguet, 1684, p. 4.

dey n'acceptait jamais que la France lui rendît à la place des Algériens des Levantins pris avec les siens lors des mêmes courses, surtout lorsque les « turcs » en question s'avéraient vieux, blessés ou invalides. De même la présence de Génois parmi les Provençaux saisis par les *raïs* d'Alger permettait de gagner du temps, sous prétexte qu'il eût fallu demander à toutes les villes d'où ils venaient l'autorisation de les racheter sur le budget qu'elles finançaient. En fait, chacune des deux parties voulait choisir dans le lot de captifs ceux qu'elle souhaitait échanger, et comme l'identité des intéressés ne coïncidait jamais, on imagine comment la discussion pouvait facilement s'éterniser, ce qui semble avoir été l'effet recherché.

Quand la France s'attachait à forcer Alger à revenir à un traité protégeant le plus possible ses commerçants aux dépens de ceux d'autres nations concurrentes auxquelles elle souhaitait que la régence fît la guerre, les Algériens cherchaient au contraire à faire en sorte que la règle, y compris celle obligeant à payer tribut, soit la même pour tous les étendards.

A s'en tenir au texte même des différents traités, il est peu de dire que la France n'obtenait à chaque fois que peu de choses de la part des Algériens, ni la soumission autre que de pure forme du *dey*, ni la guerre aux Anglais que les émissaires français ne cessèrent de demander en échange de leur bonne volonté à signer quelque chose.

Jusqu'à la fin du règne, la recherche des « turcs », les gros bras de la chiourme, resterait pour la France un enjeu fondamental, suffisant pour faire capoter tous les accords passés avec les Barbaresques. A chaque traité avec la régence d'Alger, tout en insistant pour qu'un plus grand nombre d'esclaves leur soit restitué, les Français refuseraient de façon systématique de rendre tous les « turcs » détenus à Marseille, faisant ainsi échouer toute tentative de paix durable.

En France, il s'est dit et redit que les Barbaresques ne respectaient aucun des accords conclus avec eux, que c'était là des gens auxquels il était vain de se fier et aux paroles toujours contredites par des actes contraires belliqueux. La réalité apparaît cependant toute autre. Lorsqu'on traînait à s'entendre, ce qui était le cas général, c'est la plupart du temps parce que les négociateurs français mégotaient sur des termes de l'échange des prisonniers qu'ils cherchaient à déplacer en leur faveur. En refusant de rendre les esclaves fugitifs profitant de la présence dans le port des bâtiments français pour se faire la malle ;

en demandant au contraire que les Français pris sur des navires ennemis soient inclus dans le nombre de ceux à restituer ; en laissant les commandants français cacher les turcs des galères qu'il ne voulait pas remettre à qui que ce fût ; Louis entretenait lui-même avec la régence d'Alger des relations conflictuelles qui menaient périodiquement à la guerre.

Si l'on prenait chaque fois son temps à signer, c'est que le processus profitait bien quand même aux deux camps.

Du point de vue symbolique d'abord, chacune des deux parties, à usage interne, pouvait dire qu'elle avait gagné. A chaque traité, les gazettes royales, toutes à la gloire de Louis, affirmaient qu'il était le plus fort, qu'il avait dicté sa loi à ces « barbares ». Du côté d'Alger, on se faisait peut-être plus discret, mais on se moquait bien quand même de cette autosatisfaction, puisqu'on arrivait chaque fois à monnayer un échange payant des captifs, sans donc se faire attribuer le statut de perdant, lequel aurait signifié la restitution des seuls esclaves français à Alger, sans aucune condition ni contrepartie. Du côté algérien, on pouvait dire, à usage interne, qu'on n'avait pas perdu, et donc qu'on avait aussi gagné.

Mais l'intérêt de chacun à signer un vague traité était avant tout d'ordre économique. C'est qu'après chaque accord, en tous cas dans les quelques mois qui suivaient, les affaires reprenaient comme jamais, et dans les deux sens. On voyait les marchands des deux camps oublier un moment les prises et autres invectives, faire ami-ami. Sans penser plus loin, car sinon, les Marseillais ne se seraient peut-être pas activés à vendre armes, munitions et gréments à ceux d'Alger, ni ces derniers à fournir aux Français le blé qui les protégeait de la famine provençale et qui aurait pu constituer une arme stratégique majeure.

L'enjeu devait être de taille, si l'on en juge d'après les grandes manœuvres auxquelles les divers consulats d'Alger se livraient périodiquement. Il suffisait que l'on parlât de la perspective d'une paix entre la régence et l'un des pays européens présents sur place (en gros la France, l'Angleterre et les Provinces-Unies), pour que les autres s'affairent à faire capoter les négociations. C'est ainsi qu'on peut voir en 1666 le Royaume-Uni se proposer d'offrir à l'*agha* une trentaine de navires sous la condition expresse qu'il ne signe pas la paix avec la France ; au moment même où le négociateur Trubert essaie quant à lui de faire croire qu'il ne signera de trêve que si le *diwan* intensifie sa course aux bateaux anglais. Le même reviendrait en 1669 à Alger demander - vainement - au chef de la régence de déclarer la guerre à tous les pays alors coalisés contre la France. Plutôt réaliste, l'*agha* avait pris les cadeaux allant avec, sans ne rien promettre en échange. Sachant qu'ont été signés des traités de paix et de commerce avec la régence de la part des Provinces-Unies et de l'Angleterre en mai 1680 et avril 1682, et de la France en mai 1684, on peut imaginer à quelles embrouilles s'affairaient les consulats des trois pays.

Plus généralement encore, le gain économique pour les deux parties tenait finalement à ce que la course pouvait continuer sans que rien ne se fût passé. De façon paradoxale, les traités de paix et de commerce, non seulement n'apportaient aucun démenti à la guerre de course, mais ils en constituaient au contraire une sorte de traduction.

A quoi servent les croisières ?

Tout comme les Barbaresques, et en dépit des traités, les Français continuaient leur course, qu'ils s'empressaient de justifier par la course des autres, dont il fallait en temps normal se prémunir de façon permanente.

Face aux attaques périodiques des corsaires barbaresques, la réponse française la plus courante restait le déploiement de croisières qui, en pleine mer ou par cabotage le long des côtes d'Afrique du Nord, s'attachaient à saisir les navires barbaresques qui pouvaient se trouver sur leur chemin. Suite à la supplique adressée en juillet 1662 au roi par les échevins et députés du commerce de Marseille appelant à l'anéantissement systématique des corsaires d'Alger, les escadres punitives de la France allaient même être intensifiées.

Cette citation d'un passage d'une lettre de Colbert à l'un de ses frères résume bien l'état d'esprit dans lequel la France entendait faire la police en Méditerranée occidentale.

> « Le Roy voulant retablir par toutes sortes de moyens le commerce & particulierement celui de Mer, qui est le plus important, »

y dit-il,

> « Sa Majesté a resolu de mettre en pratique tout ce qui pourra contribuer à ce dessein, & surtout de nettoyer la Mer de Corsaires & procurer à Ses Sujets la liberté de trafiquer dans les pays estrangers. Pour cet effet, il a donné Ses ordres pour tenir à la Mer, tous les étés, dans l'Océan & la Méditerranée, douze Galeres & vingt Vaisseaux, dont les chefs auront une instruction particulière pour escorter les Vaisseaux François qui voudroient aller au Levant, soit au Nord, soit au Midi[16]. »

En montrant ce faisant que la marine française était toujours prête à protéger ses marchands, Louis n'imaginait à vrai dire pas qu'il pût dissuader les *raïs* de recommencer. Il s'agissait d'abord pour la France de se saisir du plus grand nombre possible de turcs dont on avait le plus grand besoin pour ramer aux galères du roi. A cet effet, la prise symétrique d'esclaves chrétiens par les autres fournissait l'argument permettant, en opérant de même et de façon plus intensive encore, de satisfaire cet objectif technique jugé prédominant. En fait et malgré le discours des uns et des autres, il s'agissait moins de faire diminuer les attaques barbaresques que de se servir de leur occurrence pour justifier la prise d'esclaves dans leurs rangs. On remarquera que lorsqu'on parlait le plus des attaques de ceux d'Alger, c'était justement quand la demande de rameurs se faisait plus tendue en raison de la croissance de l'effectif de la flotte de galères. C'est aussi pour cette raison même qu'on devait assister à une augmentation de la taille des escadres de croisière, qui, formées d'abord de quelques vaisseaux, devinrent avec le temps de véritables flottes, susceptibles de ramasser plus de monde à envoyer à la chiourme de Marseille.

L'objectif était pourtant loin d'être atteint. Pour tout dire, beaucoup de ces croisières se soldaient par des échecs.

Ainsi celles du chevalier Paul du printemps et de l'été 1661, la première ne trouvant qu'une quinzaine de turcs sur une barque, la seconde ne croisant même personne. La petite escadre de Duquesne envoyée en mars 1662 pour trois mois de campagne en Méditerranée, rentrait également bredouille. La même année au mois d'août, une nouvelle croisière de Duquesne et Nuchèze, l'amiral protégé de

---

[16] Lettre de Colbert à l'évêque de Luçon du 16 octobre 1662 ; transcrit dans : Clément (Pierre), *Lettres, instructions et mémoires de Colbert*, Paris, Imprimerie impériale, vol. II, 1865, p. 419.

Fouquet, rentrerait de même sans avoir vu ni pris aucun corsaire barbaresque.

Durant l'été 1663, l'escadre montée en grandes pompes sur ordre du roi pour éliminer définitivement la course barbaresque, celle mentionnée dans la lettre déjà citée d'octobre 1662 de Colbert à son frère, améliorerait sans doute les résultats de la pêche. Ses deux commandants, l'amiral-duc de Beaufort et le général des galères des Ternes, s'étaient bien sûr félicités des prétendus résultats. On laissait dire sans trop donner de détails qu'une trentaine de navires barbaresques, ou une vingtaine, c'était selon, avaient été saisis. On avait quand même pris un vaisseau d'Alger, la *Perle*. Dans sa *Relation de la navigation des vaisseaux et galères commandés par le Duc de Beaufort*, envoyée au roi le 25 août 1663, l'intéressé se faisait quand même fort d'éliminer les piratages d'Alger pour peu qu'on renouvelât l'expérience.

A en croire ce qu'avait retenu de l'affaire l'historiographie officielle, c'était même déjà fait.

« Après cette expedition, »

explique Limiers, le continuateur de Mézeray,

« on en entreprit une autre contre les Algeriens qui désoloient par leurs Pirateries les côtes d'Italie & de Provence. Pour les réprimer, on mit une Flotte en mer, commandée par le Duc de Beaufort, Amiral ayant pour Lieutenant le Commandeur Paul, chevalier de Malthe. Elle leur donna la chasse si vigoureusement qu'ils furent contraints de se retirer dans leurs Ports, après avoir essuyé un rude combat qui les mit pour long-tems hors d'état de reparoître[17]. »

Aux yeux de beaucoup, il suffisait qu'on y aille pour tout régler.

On s'était montré partout, pour finalement ramener bien peu. Chaque fois, on sortait à grand bruit de canons et en habits d'apparat, avec la prétention de se montrer à tous dans toute sa force. Peut-être se prémunissait-on ce faisant de nouvelles attaques de la part de ceux d'en-face. Et encore. Mais en termes de prises, le seul résultat concret à mettre à l'actif de cette stratégie était celle de la *Perle*.

---

[17] *Abrégé chronologique de l'Histoire de France*, nouvelle édition, augmentée, tome quatrième, par M. de Limiers, pour servir de suite à l'Abrégé de M. de Mézeray, à Amsterdam, chez David Mortier libraire, 1755, p. 337.

Ceux qu'on prétendait chasser se méfiaient-ils d'ailleurs autant qu'on l'a dit de cette police plus velléitaire qu'effective ? Les exemples abondent montrant les limites de ces contrôles. Par exemple, le 12 février 1664, lorsque deux galères garde-côtes ne réussissent qu'à saisir un seul, par ailleurs vide, de deux bateaux corsaires croisant sans méfiance particulière le long des côtes de Provence. Ou encore le 3 mars de la même année, quand trois « pirates » d'Alger cabotent tranquillement devant Marseille, dont le port est alors encombré par une escadre de Beaufort en partance, forte de sept gros vaisseaux.

En l'état des forces en présence, les croisières, pas plus que les traités, n'étaient d'évidence la solution pour se prémunir des attaques des corsaires d'Alger dont elles ne permettaient en tous cas pas d'arrêter le cours.

En raison d'abord de l'effectif et de l'état de la flotte chargée de la police de la mer. Si la régence dispose en 1664 de 28 vaisseaux de guerre et qu'elle en a mis presqu'autant en chantier, la France d'alors ne peut en aligner autant. Les navires, qui n'ont pas fait l'objet d'un entretien régulier, sont en mauvais état. L'escadre de Beaufort, partie à la chasse au printemps 1664, doit rentrer en urgence le 30 mai à Toulon se faire radouber. Les questions de logistique et de financement restent toujours pendantes. S'agissant de la même escadre de Beaufort, on ne savait toujours pas lorsqu'elle était partie qui devrait payer la nourriture des soldats embarqués.

En mars 1664, la marine française avait fait courir le bruit selon lequel les Hollandais et les Anglais, qui se plaignaient de la non-application par Alger de leurs traités de mars et avril 1662, auraient déclaré s'allier à la France pour une intervention contre Alger. Cette perspective avait même apeuré le *diwan*, lequel exprimait son souhait de rétablir le Bastion-de-France. Qu'il se fût cru en position de force ou qu'il se méfiât d'un possible piège, Louis XIV n'avait même pas répondu à cette offre de paix, qui arrivait semble-t-il trop tard.

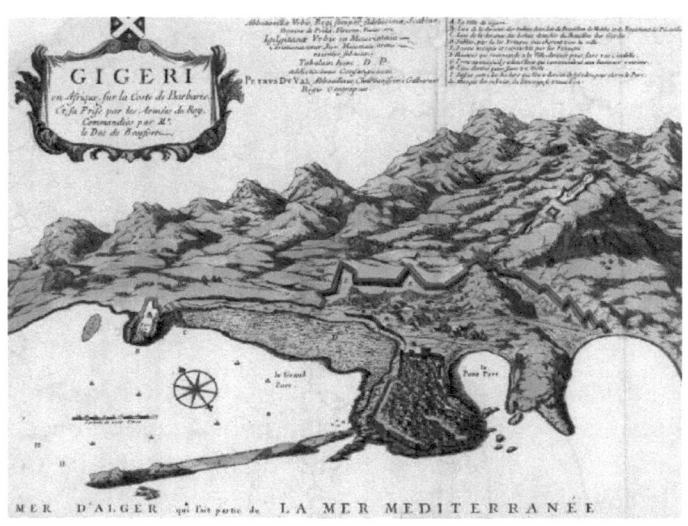

**Gigeri en Afrique, sur la Coste de Barbarie
et sa prise par les Armées du Roy**
gravure par P. du Val, s.l. n.ed., s.d. (3ème quart du XVIIe siècle)

François de Bourbon-Vendôme, duc de Beaufort
sanguine anonyme, s.l. n.ed., s.d. (3ème quart du XVIIe siècle)

Chapitre 4

S'installer en Barbarie

La stratégie consistant pour la France à aller mettre une pâtée à des navires corsaires barbaresques isolés avait bien quelques avantages, et en particulier celui de justifier la prise des turcs dont on avait besoin pour les galères du roi. Mais son caractère nécessairement répétitif en soulignait suffisamment les limites, pointant du doigt son échec à régler le problème auquel on était censé s'attaquer, pour que Louis, qui n'admettait pas qu'on pût impunément s'attaquer à ses navires, n'envisageât pas d'autres solutions de plus grande envergure. La paix des Pyrénées allait lui en donner les moyens.

S'y mettre, mais où ?

Avec la volonté de plus en plus affirmée de se doter d'une flotte de guerre susceptible de se protéger des attaques barbaresques, était née en France l'idée qu'on pût disposer d'une base navale sur la côte de la régence d'Alger.

Si jusqu'en 1610, on s'était reposé sur les capitulations avec l'empire ottoman, les choses avaient changé avec Richelieu et son surintendant de la Marine, le cardinal de Bordeaux Escourdeau de Sourdis. Se rappelant que les dernières négociations avec la Porte en vue de la réaffirmation de l'alliance avaient été difficiles et laborieuses, on pensait sérieusement à débarquer en Algérie pour y disposer d'un port. Sanson Napollon, dont on connaît l'énergie dépensée à rétablir le Bastion-de-France, n'hésitait pas à se faire l'espion du gouvernement auquel il avait carrément proposé d'utiliser l'entrepôt de corail comme base arrière des vaisseaux du roi.

Plusieurs projets d'installation sur les côtes de la régence existaient, la plupart proposés par le chevalier Paul qui s'était fait fort de conquérir Alger en un tournemain.

Néanmoins, les deux attaques qu'il avait tentées avaient toutes deux échoué.

Une première fois en 1650, avec le financement de la duchesse d'Aiguillon, une nièce de Richelieu, on y était allé mais, tout bien réfléchi, on n'avait quand même pas osé et on était revenu.

Une seconde fois, en 1660, après avoir convoyé des troupes de renfort à Candie, Paul avait été chargé - sur son propre conseil - d'aller démolir les ports d'Alger, de Tunis et de Tripoli au cas où leurs chefs oseraient refuser de libérer les prisonniers français qu'ils détenaient. Partie en début d'été avec neuf vaisseaux, l'opération censée rester secrète avait été éventée par les négociants marseillais qui y étaient opposés. En rade d'Alger pas plus que devant Tunis ou Tripoli, dans les trois ports prévenus de l'imminence de l'attaque, l'escadre n'avait finalement pas pu mettre ses menaces à exécution.

Entre-temps, un autre projet du chevalier Paul n'avait même pas trouvé le moindre début de commencement ; c'était celui, proposé en 1656 avec l'appui des dévots et de Vincent-de-Paul prêts à lancer une croisade contre Alger, qui n'avait toujours pas reçu le financement des négociants marseillais, lesquels préféraient visiblement la paix armée au conflit direct avec la régence.

Cela n'avait quand même pas découragé le même Paul, apparemment saisi d'amnésie ou soucieux de plaire une nouvelle fois à Louis, dont il se savait écouté, de continuer d'abreuver le roi de ses projets d'attaque sur Alger. D'abord en novembre 1660, il proposait de se rejouer l'essai manqué la même année, avec cette fois-ci huit vaisseaux et quatre brûlots, c'est-à-dire toute la flotte présente à Toulon. Le même mois, il se déclarait prêt à bombarder et réduire en ruines Alger, aussi bien que Tunis et Tripoli, attaquées simultanément sur terre pour peu qu'on lui donnât un contingent d'entre 20 et 25 000 hommes. En janvier 1661 encore, il ne voulait rien moins que conquérir toute la Barbarie, avec l'aide de l'Espagne, du pape et de Malte.

A chaque fois les assurances données par Paul de venger à peu de frais l'honneur français, tournaient à la fanfaronnade, discréditant la valeur de ses conseils plus qu'elle n'en faisait une sorte de héros croisé. De toute façon, Mazarin, qui ne croyait pas à l'utilité d'une marine forte, n'avait pas donné suite. Opposé à toute intervention de l'autre côté de la Méditerranée, il cherchait plutôt à négocier avec Alger, où il envoyait Pierre de Mérignac ramener les turcs de Picquet rachetés à Livourne et signer une nouvelle convention du Bastion, celle du 2 février 1661.

La mort du cardinal, en mars 1661, allait ouvrir la voie à la guerre franco-algérienne. Profitant de la nouvelle priorité donnée par Colbert à la mer, la proposition de débarquer carrément à Alger pour en prendre le contrôle, avait refait surface.

Partant du principe que pour la France, la régence était plus proche donc plus facile à conserver que pour l'empire ottoman, un projet attribué au même chevalier Paul, proposait une nouvelle fois d'attaquer Alger. Il s'agissait de prendre la ville militairement, en choisissant de le faire en début d'été, quand la mer n'était pas trop démontée, quand la majorité des janissaires étaient occupés à récolter les impôts en province, ne laissant à Alger qu'un contingent de guerre de pas plus de 5 000 hommes et 4 000 corsaires, et aussi quand les rivières à traverser étaient à sec :

> « pour prendre bien son temps en la conqueste d'une si importante Ville, de la prise de laquelle depend l'entiere perte, non seulement du Royaume d'Alger, qui a deux cens lieües d'estendüe, mais bien de toute la Barbarie. Il faut faire le debarquement de l'armée au Cap Matifoux quatre milles d'Alger, qui est environ une lieüe & demie, & y arriver necessairement au commencement du mois de Juillet, auquel temps toutes les trouppes susdites sont esloinées d'Alger plus de soixante dix lieües, qui est le seul point de la perte de la Ville[18]. »

Il prévoyait même que Malte, le pape et le grand-duc de Toscane pussent se joindre à la France dans cette expédition facile et peu onéreuse au trésor royal. A condition bien sûr de se donner les moyens de battre les Barbaresques et d'embarquer trois mois de nourriture.

> « Il faut faire estat de débarquer trente mil hommes de pied, & huit cens carrabins, trente pieces de canon pour l'asseurance de ladite armée ; & de ne hazarder aucun combat avec eux que fort advantageusement. Il y faut nombre de chariots pour faire marcher ladite armée, durant lesdites quatre milles retranchée, sur la main gauche, & en teste : car sur la droite, ce n'est rien que plages & bord de mer, dont vous ne pouvez estre attaqué[19]. »

---

[18] Projet pour l'entreprise d'Alger, in : *Recueil historique contenant diverses pièces curieuses de ce temps*, à Cologne, chez Christophre van Dyck, 1666, pp. 4-5.
[19] *Ibid.*, p. 6.

Moyennant quoi, c'était comme si l'on y était déjà.

> « Le Pays, & toute cette Coste de Barbarie, est en nostre bien-sçeance ; par ce que dans trois jours de Provence avec un bon temps, vous y estes, n'y ayant que deux cens lieües de traite de Mer[20]. »

Ce qui était proposé n'était rien moins qu'une véritable conquête.

> « De cette conqueste, il arrivera deux grands & importans biens, non seulement à la France, mais à toute la Chrestienté.
> Premierement, par ce que le Pays est tres-bon, tres-riche, & fort peuplé : le revenu duquel en vaudroit le triple entre nos mains qu'en la main des Turcs ; attendre que la pluspart des terres qui sont grandement fertiles, demeurent infructueuses par la malice des Corsaires & Turcs.
> Secondement j'oseray dire & asseurer avec vérité, que le Roy pourra entretenir dans ladite Coste vingt-cinq Galeres, & douze Gallions, sur le seul droit qu'il peut imposer sur la sortie des bleds desdits Pays[21]. »

Une conquête qui n'aurait pour son promoteur que des avantages.

> « C'est pourquoy Dieu bénira cette bonne œuvre, si sa Majesté se veut resoudre à une entreprise si juste ; ceux qui ne demandent que troubles dans cet Estat, & les faineants trouveront de quoy s'occuper. Sa Majesté pourra recompenser ceux qyi le serviront par une infinité de terres, dont il pourra disposer en ladite conqueste, en faveur de ceux qui le meriteront ; tout bien nous succedera : nous augmenterons les bornes de cet Estat par l'acquisition d'un grand Royaume ; les estrangers perdront l'opinion qu'ils ont, que nous ne sommes propres qu'à nous defendre, & en dernier lieu, on vangera l'injure & le peu de respect que tous ces Corsaires ont porté, & portent à la grandeur de cette Couronne[22]. »

On peut noter que dans ce plaidoyer en faveur de la conquête d'Alger, se retrouvent à la formule près les arguments qui seraient développés plus tard par les partisans de l'expédition de 1830.

---

[20] *Ibid.*, p. 11.
[21] *Ibid.*, pp. 11-12.
[22] *Ibid.*, p. 13.

On disait le roi prêt à l'aventure. Depuis que la paix des Pyrénées avait été signée le 7 septembre 1659, le contexte géopolitique des relations entre la France et la régence avait en effet complètement changé. Jusqu'alors, il semblait à Alger comme à Constantinople plutôt normal que le roi très chrétien fît alliance avec la puissance barbaresque aussi longtemps qu'il se posait en ennemi des Espagnols, selon une arithmétique simple aux termes de laquelle les ennemis de vos ennemis sont par déduction vos amis. Mais dès lors que les deux pays européens se mettaient à faire cause commune, il en allait tout autrement. Pour Alger, la France basculait désormais chez les ennemis, comme ami d'un ennemi, ce qui justifiait dès lors que les *raïs* traitent ses navires commerciaux de façon inamicale.

En face, les Français se trouvaient justement mieux à même de répondre à ces attaques, dans la mesure où la paix avec l'Espagne les libérait de tous leurs engagements guerriers en Europe, autorisant une intervention en Méditerranée. Louis XIV avait dès lors les coudées plus franches pour venir mettre la pâtée à la régence devenue clairement une ennemie.

Il fallait d'un côté ne pas se mettre trop mal avec La Porte de laquelle on ne souhaitait tout de même pas se couper. Il fallait de l'autre rassurer le pape, auquel on était alors tout prêt de déclarer la guerre, car le roi, depuis le traité des Pyrénées en 1659, se serait bien vu à la tête de la chrétienté européenne. En envoyant quelque 6 000 hommes dont 2 000 cavaliers en renfort en Autriche se battre contre l'invasion turque, Louis XIV pensait que fixer l'empire ottoman en Hongrie lui permettrait d'avoir les mains libres en Algérie.

En 1661, aller s'installer à Alger faisait donc moins peur, dans le même temps où les références aux attaques des *raïs* se faisaient plus nombreuses. S'il était vrai comme il se disait que les navires algérois attaquaient désormais en convois (qu'on avait vite qualifiés d'escadres) et jusqu'aux abords mêmes du port de Marseille, près duquel ils ne se gênaient pas pour faire des prisonniers, on irait voir qui serait le plus fort.

Pourtant, lorsque la dernière proposition du chevalier Paul est formulée, peut-être au début de l'année 1661, l'heure n'est pas à la conquête territoriale. Peu enclin à envoyer des colons sur l'autre rive de la Méditerranée, le roi préfère se suffire de faire d'un port de la côte une base navale française, à l'image de ce que les Espagnols font à Oran avec Mers-el-Kebir.

« Je ne laisserai pas de vous dire »

insistait Louis à l'attention de son cousin Beaufort, qu'il venait de faire, à la suite de son père Vendôme, commandant-en-chef des flottes du Levant,

> « que ce que je désire le plus, ce serait que vous puissiez prendre quelque poste fixe en Afrique, soit qu'il soit fortifié, soit qu'il fût dans une assiette à le pouvoir être facilement ; mais comme il est difficile de pouvoir entreprendre ce dessein à cause du peu d'infanterie que vous pourriez faire descendre, il faut se réduire à choisir quelque poste désert, soit dans une île, soit en terre ferme, pour y faire bâtir un fort, pour y tenir une garnison légère, et y établir une habitation pour le trafic et la marchandise…
> En cas que vous trouviez quelque chose à cet usage, il sera nécessaire que vous en donniez part au sieur de La Guette et au chevalier de Clerville, afin qu'ils puissent travailler à exécuter tout ce que vous estimeriez qu'ils devront faire pour ce dessein[23]. »

De ces attaques barbaresques,

> « l'unique moyen d'en venir à bout sembloit être, d'occuper un poste fixe en Afrique avec un grand & bon port, où nos forces toujours assemblées les pussent tenir en crainte, leur couper le retour dans leurs havres, faire enfin sur eux les mêmes courses qu'ils faisoient impunément sur les autres,[24] »

traduirait plus tard Pellisson, l'historiographe officiel du roi. On n'irait pas conquérir Alger.

Alors pourquoi quand même se doter d'une base navale en Barbarie ?

---

[23] Lettre de Louis XIV à Beaufort, du 19 mai 1662 ; transcrit dans : Clément (Pierre), *Lettres, instructions et mémoires de Colbert*, Paris, Imprimerie impériale, tome III, 1865, pp. 2-3.
[24] *Histoire de Louis XIV, de la mort du Cardinal Mazarin en 1661 jusqu'à la Paix de Nimègue en 1678*, par M. Pellisson, à Paris, chez Rollin fils, 1749, tome 1, p. 199.

D'abord parce que la réaction aux dégâts causés par la course algéroise restait jusqu'alors trop lente pour être suffisamment efficace. Il fallait en effet du temps pour que l'état-major du Levant soit déjà informé des prises, du temps supplémentaire pour qu'elle prenne une décision, et du temps plus encore pour que celle-ci soit concrètement appliquée. Plusieurs semaines, voire plusieurs mois, se perdaient ainsi, qui donnaient aux pirates algériens un répit plus que suffisant pour échapper aux poursuites. Alors que si les escadres envoyées les punir pouvaient partir d'un port proche des lieux des délits, il en irait tout autrement. Bon, rien ne dit qu'on pût de la sorte réussir à contrôler les allers et venues de cette foule de petits bateaux de corsaires barbaresques qu'on sait particulièrement mobiles et qui sévissaient pratiquement partout en Méditerranée. Mais on pourrait quand même mieux surveiller les navires d'une jauge plus importante, qui, eux, ne passaient pas inaperçus.

Ensuite parce qu'on a vu que les dernières croisières le long des côtes d'Afrique du Nord semblaient finalement se révéler plus productives que ce à quoi l'on s'était habitué jusqu'ici. Déjà en juin 1663, véritable coup de chance, une escadre commandée par Beaufort assisté du chevalier Paul et de Duquesne avait arraisonné la *Perle*, peut-être le meilleur navire de guerre d'Alger, dans la baie de Bône. Jusqu'alors, la petite flotte n'avait rien trouvé, suscitant la colère de Louis, qui reprochait à tous de ne rien faire.

En mars 1664, des bateaux corsaires avaient été saisis, un peu par hasard sans doute, mais quand même, ils avaient été pris, ce qui n'était plus le cas depuis longtemps. On s'en était certes donné les moyens, et cela avait incontestablement payé. Beaufort qui les commandait en était rentré grandi, auréolé qu'il était par la pompe et l'emphase mises dans la publication des résultats de ses descentes. Rien qu'en mai 1664, appuyant l'Anglais Lawson qui faisait le blocus du port d'Alger en début de *ramadan*, et méprisant l'*agha* au point de ne pas répondre à sa demande de négociation, Beaufort se pensait le plus fort. Et tous de croire qu'on avait réussi, et que l'essai pouvait être désormais transformé en s'installant sur place. Paul en profitait pour soigner sa mythologie, laissant dire qu'il avait mené en vainqueur un combat naval contre 25 pirates barbaresques. Alors, on pouvait être tranquille. Ce qui avait été réussi, en tout cas présenté comme tel à chacun, donnait à penser qu'il pouvait l'être mieux encore.

Enfin, la France était depuis aout 1658 membre de ladite « ligue du Rhin » aux côtés des princes allemands. Elle se trouvait ainsi protégée des interventions militaires de l'Autriche, sinon aux côtés de ses alliés, du moins - si l'on peut dire - à côté d'eux. N'ayant plus à se préoccuper de garder mobilisées ses troupes en Europe, les conditions étaient ainsi réunies pour qu'elle puisse attaquer de façon plus ou moins frontale la régence d'Alger.

Et ça tombait plutôt bien pour le roi très chrétien, qui avait décidé depuis la mort de Mazarin de régner seul, se reposant sur Colbert à qui il avait confié la haute main sur les affaires maritimes. Le fidèle ministre s'était donné le projet de relancer le grand commerce avec le Levant, ce qui nécessitait de sécuriser les convois en Méditerranée des négociants marseillais. Colbert se proposait donc de disposer en Afrique du Nord d'une base navale reconnue, à l'image de celle des Anglais à Tanger, ou encore des Espagnols à Oran. D'abord favorable à la liberté du commerce et réticent devant le choix guerrier de Louis, il s'était bientôt rallié à la position royale de s'attaquer à la course barbaresque.

Le jeune Louis, pour sa part, rêvait d'un coup d'éclat, qui le montrerait au plus haut devant l'Europe. Ce n'était certes pas envisageable en Espagne, avec laquelle il venait de signer la paix des Pyrénées. Ce ne l'était pas plus avec l'Angleterre, désormais alliée de la France. Il hésitait aussi de provoquer l'empire Ottoman, avec lequel on était lié - au moins en principe - par la capitulation de 1610 qui n'avait pas été renouvelée, et qui donc était censée être toujours en vigueur, ce qui valait d'ailleurs à la France les critiques de la papauté. Mais justement, aller mettre au pas les Algériens s'avérait plutôt bienvenu, aussi bien de Rome qui ne pensait qu'à faire croisade, que de la Porte qui commençait à se plaindre des velléités d'indépendance de sa province d'Alger. Sans parler des déclamations du chevalier Paul, selon lesquelles s'installer à Alger ou à proximité pouvait être plutôt chose aisée, à l'entendre et à lire les divers projets d'attaque qu'il avait rédigés en support de ses allégations.

Dès le mois de mai 1661, la décision avait été prise d'aller installer sur la côte d'Afrique une base navale d'où les croisières pourraient partir plus rapidement chasser les corsaires barbaresques. Encore fallait-il bien s'entendre sur le lieu, qui n'était apparemment pas aussi évident qu'on se l'était d'abord figuré.

Le roi avait confié à son spécialiste des fortifications, le chevalier de Clerville, un homme de Mazarin, la mission d'aller reconnaître sur place ce qu'il y avait lieu de faire. Il y était allé de la fin octobre à la mi-décembre 1661 et en était rentré en retenant que le petit port en question pût être celui de Stora (aujourd'hui dans l'agglomération de Skikda), un peu à l'Ouest de Bône, donc pas trop loin du Bastion. Clerville n'était resté sur place qu'une semaine, mais cela lui avait suffi pour arrêter son choix basé sur des cartes approximatives sinon fausses qu'il avait eu à peine le temps d'établir.

Au conseil de marine, qui tenait lieu d'amirauté et que Colbert avait consulté, les chefs hésitaient quand même entre plusieurs localisations.

Beaufort, cousin bâtard de Louis XIV, n'avait pas encore hérité de toutes les charges de son père Vendôme qui commandait les armées navales, mais il s'était signalé dans la course méditerranéenne, où il avait obtenu des succès. A peine bombardé commandant des galères de France par commission en lieu et place du général de Créqui alors tombé en disgrâce, il serait logiquement nommé chef de ce qu'on appelait déjà « l'escadre d'Afrique ». Avant même qu'on ne sût où aller, Beaufort, qui venait juste de rentrer de ses croisières, mettait aussitôt la presse sur les navires marchands dans les parages de Toulon et Marseille, et en réquisitionnait une quarantaine.

S'agissant de la destination vers laquelle mettre le cap, il n'avait à vrai dire pas d'avis sur le lieu où débarquer, et déclarait se fier à ce que le roi ou Colbert lui en diraient. Si c'était Stora, ce serait Stora, ce qu'allait confirmer un conseil de marine tenu le 22 juin 1662 à Toulon.

D'après ce qu'on en a dit, son second, Gadagne, qui devait diriger l'infanterie embarquée et qui avait été fait lieutenant-général pour l'occasion, aurait préféré qu'on se rendît plutôt à la petite ville de Bougie (aujourd'hui Bejaia) plus à l'Ouest, laquelle était à l'entendre plus facile à défendre et mieux accessible à des secours éventuels en cas d'attaque ennemie.

Quant aux grands négociants de Marseille, qui avaient eu vent de ces discussions et qui craignaient d'affronter les *raïs* d'Alger, ils déclaraient préférer la ville d'Alhucemas (aujourd'hui Al-Hoceima) proche de Tanger, étrangère donc à la régence. Mais pouvait-on se faisant déplacer l'équilibre déjà précaire des relations de la France avec le Maroc ? Peut-être pas.

Puisqu'on avait décidé que ce serait Stora, on était donc parti pour y aller. Beaufort, qui voulait par la même occasion passer par Alger attaquer nuitamment les bateaux du port, avait réuni fin juillet 1663 à Cagliari sa flotte de vaisseaux et de galères, et mis le cap sur l'Est de la régence. En rade de Bougie, l'amiral s'était décidé à bifurquer donc vers Alger, mais il l'avait fait suffisamment bruyamment pour que les Turcs le repèrent, ce qui avait fait échouer l'affaire. Et l'on était rentré à Toulon par les Baléares sans faire la moindre prise, sans même aller à Stora. Mal préparée et victime du manque de jugement d'un commandement incompétent, l'expédition avait échoué.

Et puis, dans une lettre au roi datée du 25 août 1663, en même temps qu'il rapportait à Louis sur le résultat de sa croisière avec de Ternes, sans crier gare ni donner d'explication plausible, Beaufort avait changé d'avis, proposant cette fois-ci la petite ville côtière de Gigeri (aujourd'hui Jijel) que Clerville disait connaître, et que Louis et Colbert déclaraient accepter. Peut-être que Duquesne, qu'on disait à l'origine de ce choix, pensait pouvoir y faire un port protégé par une citadelle. Peut-être que le chevalier Paul, qui la connaissait aussi et sûrement mieux que Clerville, n'en disait pas trop de mal non plus. Peut-être aussi qu'elle était à peu près équidistante de Bougie et de Stora, mais aussi d'Alger et de La Calle. Au tout-début 1664, ce lieu de débarquement était bientôt décidé par le roi. On n'irait donc pas à Stora. Le 17 février 1664, un nouveau conseil de marine tenu à Toulon en présence d'un envoyé du roi, de Goust, le confirmait : on s'installerait à Gigeri, et pas ailleurs.

Pour l'instant, Beaufort irait à Gigeri parce que c'était l'ordre du roi. Le 23 juin 1664, à l'arrivée de Clerville à Toulon, l'état-major de l'escadre - et l'état-major seul - en était informé, aux termes d'une délibération interne tenue secrète, mais dont l'essentiel avait fuité.

L'avis de Clerville, dont on sait le rapport favorable à Stora, avait également changé. Il préconisait maintenant de prendre Bône, plus à l'Est, ville plus grande et d'un intérêt économique supérieur car c'était de là que provenaient les bateaux de blé qui approvisionnaient la Provence. On s'y trouvait aussi tout proche de La Calle, qu'on pouvait défendre plus facilement. Le site était par ailleurs plus ouvert, moins susceptible de se faire encercler, au contraire de Gigeri dominé par deux petites montagnes qu'il fallait occuper en permanence si l'on voulait conserver la position. A Bône, on était aussi plus loin des fameux « Cabaïles », qu'on connaissait pour ne pas laisser quiconque entrer chez eux, comme c'était le cas justement à Gigeri. Et l'on était plus près de ceux d'entre eux avec qui l'on s'entendait déjà à La Calle et qui semblaient prêts à continuer de collaborer plus avant. C'était du reste aussi à Bône, et pour les mêmes raisons, que l'intendant de marine à Toulon, de La Guette, proposait d'aller. Mais le choix concurrent de Gigeri était pris, sans que quiconque ne lui demandât plus son avis sur la question. Clerville garderait toujours une rancune tenace aux autres, qui le suspectaient de chercher à se faire bombarder gouverneur du Bastion-de-France, pour s'enrichir du trafic. Duquesne, qui se gardait de formuler le moindre avis sur la direction à prendre, ne cessait toutefois d'insister sur l'état déplorable de la flotte, engageant à un report de toute expédition.

Tout le monde hésitait, retardant le lancement de l'opération. Non pas que la question s'effaçât devant d'autres priorités, comme par exemple l'expédition prévue - et effectivement lancée - contre le pape dont les gardes corses n'avaient pas hésité à tirer sur l'ambassadeur de France à Rome. En fait, on avait plutôt pris conscience de la faiblesse des capacités françaises à damer le pion à ceux d'Alger. D'abord, les 25 ou 30 000 hommes requis par les projets d'expédition faisaient près de la moitié des effectifs valides des troupes françaises. De même bloquerait-on six galères et une dizaine de vaisseaux, c'est-à-dire la totalité de la flotte de Méditerranée. A un moment où l'on devait se méfier des Hollandais, c'était empêcher toute éventualité d'un renfort aux escadres du Ponant. Sans compter qu'on manquait de barges à fond plat, ce qui ne permettait pas de débarquer des chevaux et obligeait les soldats à tomber à l'eau en mouillant les mousquets. Avant d'y aller, peut-être fallait-il d'abord reconstituer la marine du Levant, et c'est bien l'ordre qu'avait reçu de Colbert La Guette, même si on lui avait demandé aussi de désarmer une partie de la flotte alors en mauvais état. Et il y avait certes de quoi faire, tant l'indiscipline à tous les niveaux était devenue une sorte de règle.

L'échec relatif des croisières de Paul et de Duquesne au printemps et à l'été 1662, dont on n'avait pas hésité à faire porter la responsabilité à l'amiral de Nuchèze, était là pour le confirmer : il fallait se préparer mieux avant d'affronter l'ennemi, et donc y aller plus tard. Le susnommé La Guette n'avait donc pas chômé, puisque dès juin 1663, il avait réussi à armer huit bonnes galères, six neuves et deux retapées. Il était prévu qu'elles appareillent sous le commandement de Ternes pour se mettre en appui à Paul qui lui, était déjà parti début mars avec six vaisseaux et un brûlot, mais n'avait réussi qu'à poursuivre sans les prendre des barques turques qui l'avaient détourné de la route d'Alger. Cette seconde tentative avait, comme la première, échoué. Ce serait pour une prochaine fois.

S'agissant plus précisément de Gigeri et pour résumer, on savait où l'on devait aller, mais on attendrait un peu pour y aller, et, comme cela pouvait aussi bien changer sans qu'on n'en connût la raison, on irait aussi bien où on le dirait.

Gigeri : autopsie d'un désastre

La flotte avait bien fini quand même par repartir, au tout début de juillet 1664.

Forte d'une soixantaine de voiles petites et grandes, l'expédition d'Afrique, placée sous le haut-commandement de Beaufort, assisté de Gadagne pour les troupes terrestres et du chevalier Paul pour la marine, était une opération d'envergure.

On n'avait certes pas lésiné sur les moyens.

> « L'Armée Navalle est de 16 Navires de guerre, avec les deux que le Comte de Vivone amena le 23 du Passé, de 8 Galères qui estoyent parties le jour précédant, pour aller attendre le reste en l'Isle de Majorque, où est le Rendez vous général, de 12 Vaisseaux & 14 Barques, chargées de vivres & de matéraux, & de 15 autres Barques de Marchands, aussi, chargez de munitions de bouche : outre 7 Galères de Malthe, & plusieurs Vaisseaux Anglois & Holandois, que l'on dit les devoir joindre. L'Armée de Terre sera composée de six Compagnies de Gardes, de 20 du Régiment de Picardie, de pareil nombre de ceux de Navarre, de Normandie & du Régiment Royal, qui font 4 650 hommes, & de 20 Compagnies des Vaisseaux de 800 hommes... de sorte que l'on espère avoir près de dix mille hommes[25]. »

Le rédacteur de la *Gazette*, emporté pas son élan, était tellement impressionné qu'il en avait perdu son arithmétique.

---

[25] De Toulon, le premier Iuillet 1664, *Gazette* n° 84, s.d. (juillet 1664), p. 683.

Tab. 10 - Les vaisseaux partis avec l'escadre de Gigeri

bâtiments	capitaines	effectifs des régiments embarqués				
		Gardes	Picardie	Navarre	Normandie	Royaux
la *Royale*	chevalier Paul	251	-	-	-	-
le *Saint-Louis*	Duquesne	-	367	-	-	-
la *Reine*	Vivonne	299	-	120	-	-
le *César*	Fricambault	-	-	-	238	-
l'*Hercule*	Mathurin Gabaret	-	-	310	-	-
le *Jules*	des Ardents	278	-	-	-	-
le *Beaufort*	de La Roche St. André	-	-	-	-	264
le *Mercoeur*	de Turelles	-	239	-	-	-
la *Perle*	du Buous	-	-	-	-	239
l'*Ecureuil*	de Preilly d'Humières	-	-	233	-	-
l'*Arena*	de Querven	-	-	-	360	-
la *Françoise*	du Châteauneuf	-	200	-	-	-
la *Victoire*	de Beaumont	-	50	-	-	134
le *St.Augustin*	des Coux	-	-	-	-	190
la *Flûte Royale*	de La Roche St. André	-	-	-	185	-
	total par régiment	828	856	663	783	827

total général 3 907

Car en vrai, au lieu et place des 10 000 hommes annoncés, il ne faudrait compter que sur un peu plus de 6 000 en ordre de bataille, ce qui n'était déjà pas si mal : dans les 4 000 embarqués officiellement sur les vaisseaux du roi (*cf.* Tab. 10), auxquels il fallait ajouter 800 hommes du régiment des vaisseaux, une centaine de volontaires, plus une centaine peut-être, mais pas plus, de soldats transportés par les navires privés réquisitionnés par Beaufort.

Pour s'assurer d'une victoire que tout le monde avait prédite, on avait réuni tous les vaisseaux disponibles au Levant.

Malte apportait de son côté 1 200 hommes sur sept galères, pour aider à la prise de la ville ; contrairement à ce qu'en disait la *Gazette*, il n'y avait pas d'Anglais ni d'Hollandais.

Quant aux galères françaises, celles commandées par de Ternes (*cf.* Tab. 11), elles étaient là pour faire impression, et aussi pour servir de remorque aux vaisseaux qu'elles pourraient tirer se mettre en position de tir.

Tab. 11 - Les galères françaises de l'escadre de Gigeri

Bâtiments	Capitaines
la *Capitane*	de Ternes
la *Régine*	de La Brossardière
la *Dauphine*	de Villeneuve
la *Vendosme*	d'Oppède
la *Saint Jean-Baptiste*	de Breteuil
la *Fleur de Lys*	de La Bretesche
la *Couronne*	de Gardannes
la *France*	de Béthomas

Derrière les galères justement, qui avaient quitté Toulon le 21 juin, le gros de l'escadre appareillait le 2 juillet sans que rien ne transpirât de sa destination. Il s'agissait en l'occurrence de ne pas attirer l'attention de l'étranger, et en particulier celle de l'empire Ottoman qui était - en principe - un allié de la France, et en même temps, le suzerain - toujours en principe - de la régence d'Alger.

Entre le 27 juin et le 8 juillet, le regroupement se faisait en grande pompe aux Baléares, plus exactement à Port-Mahon sur l'île de Minorque. C'est en repartant de là le 17 que Beaufort devait finalement informer en mer l'ensemble des officiers des objectifs et de la destination. L'amiral, qui manquait d'avis et d'autorité, n'avait pas été en mesure de justifier à ses officiers le choix de la ville de Gigeri, vers laquelle tout ce beau monde voguait alors sans que chacun ne fût convaincu que ce fût là qu'il fallût aller. La troupe savait même combien l'état-major de l'escadre était divisé sur ce point de vue.

Quoi qu'il en ait été, la flotte au complet groupée derrière la *Royale* arborant le pavillon amiral, se présentait le 22 juillet devant la petite ville côtière de Gigeri, et y débarquait le 23. La veille, on avait dû mouiller faute de vent au large de Bougie, qui semblait vidée de ses habitants et sur laquelle on avait tiré pour la forme quelques coups de canon. Gadagne et le chevalier Paul auraient été d'avis d'attaquer le poste, mais on ne l'avait pas fait, sur le rappel par Clerville du contenu des ordres du roi. Beaufort, lui, hésitait encore.

« Le Duc de Beaufort »

nous dit l'historiographe officiel Pellisson,

> « fit depuis quelque nouvelle proposition pour Bugie ; mais elle fut rejettée par les avis de Clairville, & par la crainte de prendre le change, si on laissoit au choix de ce General de passer incessamment d'un objet à un autre[26]. »

A Gigeri, tout le monde étant rendu sur place et le golfe ayant été sommairement sondé, on décidait de mettre pied à l'Est de la ville, sur un petit promontoire surmonté d'un marabout et d'un cimetière. Les galères étaient envoyées touer les vaisseaux à proximité.

On pouvait penser qu'avec un tel effectif d'hommes et de navires, il eût été plutôt facile de s'installer dans ce qui n'était qu'un petit bourg en promontoire d'une plage. Sans surprise, ce fut fait le 24 juillet.

Les commentaires qu'on fit de l'événement à la cour insistent tous sur la rapidité avec laquelle l'opération s'était déroulée, même si ce qu'on sait aujourd'hui de l'affaire montre combien l'assaut fut des plus difficiles, laissant sur le carreau plus de 400 combattants de chaque côté. Peut-être était-ce pire encore, puisque le bataillon de Malte avait, dit-on, perdu à lui seul près de 300 fantassins. Le débarquement, et donc les premiers combats, qui s'étaient faits sur des lieux saints, avaient ravivé la résistance opposée aux envahisseurs. Contrairement à ce qu'on en avait attendu, les Kabyles se joindraient aux Turcs dans la défense contre les assaillants chrétiens qui, visiblement, en voulaient à leur religion. De fait, les canons des galères couvraient à peine la progression des soldats, lesquels finissaient quand même par entrer dans la ville préalablement vidée de ses habitants.

> « Leurs décharges continüelles formoyent vn tonnerre qui n'estoit pas moins épouvantable, que la fumée & la poussière qui en provenoyent, estoyent incommodes aux Maures : plus de deux mille

---

[26] *Histoire de Louis XIV, depuis la mort du Cardinal Mazarin en 1661, jusqu'à la Paix de Nimègue*, par M. Pellisson, *op. cit.*, tome 1, p. 201.

coups de canon ayans esté tirez en moins d'vne heure, tant l'Artillerie estoit bien servie[27] »

disait de l'assaut *la Gazette*. C'est dire combien les combats avaient été plutôt rudes.

Il avait donc fallu deux jours pour qu'un contingent de 5 000 hommes des meilleurs régiments de France et de 1 200 soldats et marins de Malte réussisse à prendre Gigeri, le bataillon des gardes sur la montagne dominant la plage et les autres dans la ville abandonnée et ses abords immédiats. Les jours suivants étaient aussitôt mis à profit par le génie pour « sécuriser » les lieux, en fait creuser une tranchée protégée par un mur de pierres et hérissée d'une trentaine de petits canons isolant l'ensemble du campement de possibles attaques venant de l'extérieur. Pour ériger ce mur de protection, ainsi que la redoute et la tour de guet qui complétaient la défense de la ville, on avait - bien malencontreusement - choisi la solution de facilité consistant à se servir des pierres tombales.

Et tous de s'extasier, à Paris comme à Marseille, sur la rapidité de la conquête, toute à la gloire du roi lui-même. Au premier rang d'entre eux, on retrouvait bien sûr les négociants marseillais, qui en imaginaient déjà une plus grande liberté des affaires.

« On a ici eu tant de joye à la prise de la ville & du Fort de Gigery… que nos Marchands, qui sont les plus interessez à ce glorieux succez, lequel facilitera leur commerce, en leur tenant la Mer libre contre les Corsaires, ont envoyé au Duc de Beaufort Général des Armées de Sa Majesté, en Afrique, vn Vaisseau chargé de divers rafraichissemens[28]. »

A titre d'exemple, quelques réactions suffisent à résumer la fierté animant ceux qui, à Paris, se comptaient déjà parmi les vainqueurs.

« Tant de circonstances rendent considérable le dernier Exploit des Nostres, »

relevait - une nouvelle fois - la *Gazette*,

---

[27] La Prise de la Ville, & du Port de Gigery en Barbarie, par les Armées du Roy, sous le commandement du Duc de Beaufort, Général de Sa Majesté, en Afrique, *Gazette* n° 103, s.d. (1664), p. 842.
[28] De Marseille, le 18 Aoust 1664, *Gazette* n° 105, s.d. (1664), p. 859.

> « que l'Histoire ne s'en peut taire, sans passer sous silence, la plus belle Action qui se soit de long temps faite... Mais ce n'estoit pas, aussi, bien connoistre le Destin triomphant des Armes du plus grand Monarque du Môde, qui sçavêt se faire passage par tout, & s'y acquerir vne gloire qui donne de l'étonnement aux autres Nations, peu accoûtumées à des Exploits si difficiles, ainsi que de la joye à tous ses Sujets, notamment en cette dernière occasion, par la liberté qu'ils en trouvent plus grande dans ces Mers là, pour l'établissement du Commerce. Enfin ce que viennent d'exécuter ces généreux Conquérans de Gigery, après avoir desja livré tant de Combats aux Barbares, est vne belle preuve qu'il n'est rien impossible lorsqu'il est entrepris par les ordres d'vn Potentat comme le nostre, qui régle presque la fortune de tous les Peuples[29]. »

A entendre les louanges officielles, c'était le monde entier qui remerciait le souverain très catholique de cette prise. Ainsi à Rome, lors d'une visite de l'ambassadeur de France au collège romain des Jésuites, où l'on

> « récita en leur présence, dans vne Sale parée de riches Tapisseries, avec le portrait du Roy sous vn Dais, vn poëme de 500 Vers, sur la prise de Gigery, & les autres succez des Armes Françoises en Afrique, dont l'invention estoit si belle, & les Vers si élégans, que l'Assemblée en fut très-satisfaite[30]. »

Le roi, qui avait appris la nouvelle en même temps que la contribution des régiments de Coligny à la victoire du Saint-Gotthard en Hongrie, et qui savait que la prise de Gigeri n'avait pas été si facile, laissait dire.

Mais si une chose était de conquérir un petit port en venant de la mer, une autre était de le conserver sur terre contre la résistance de ses habitants.

D'un côté, le contingent envoyé prendre Gigeri avait carrément sous-estimé à la fois la résistance des locaux, mais aussi les moyens qu'emploierait la régence à vider les envahisseurs. Contrairement à ce qu'avaient imaginé les penseurs de l'expédition, les tribus berbères locales s'étaient bientôt alliées aux Turcs de Constantine, opposant un

---

[29] La défaite des Mavres devant Gigery en Afrique, par l'Armée du Roy sous le commandement du Duc de Beaufort : avec tout ce qui s'est passé en cette Action, *Gazette* n°136, s.d. (1664), pp. 1111-1112.
[30] *Gazette* n° 138, s.d. (1664), p. 1128.

front commun musulman à l'agression chrétienne des Français. On n'avait nullement compté sur la résistance des locaux :

> « comme ils se trouvoient séparés du reste de l'Afrique par des montagnes presque inaccessibles, & que par ces mêmes raisons, ou par l'amour de la liberté, ils avoient toujours refusé d'être tributaires des Turcs d'Alger, & d'en recevoir des troupes, on pouvait croire qu'ils ne tireroient aucun secours, ou que trouvant quelque douceur au commerce avec nous, ils entreroient plus facilement en quelque sorte de traité & d'alliance[31]. »

Mais les locaux en question ne s'étaient pas alliés. Ils avaient au contraire farouchement défendu leur terre, et avaient reçu pour ce faire, l'appui militaire des janissaires de Constantine et même bientôt de ceux d'Alger.

Fin septembre, l'*agha* d'Alger envoyait contre Gigeri 200 cavaliers et 2 000 fantassins qui venaient se joindre aux 8 à 9 000 Cabaïles réunis dans la lutte contre les infidèles. C'était plus qu'il n'en fallait pour déborder les Français et les vider des lieux.

De l'autre, la mésentente entre les divers corps d'officiers français formant l'escadre, qu'illustraient les conflits entre les chefs, contribuait à démoraliser les troupes. On a vu qu'avant même de partir, chacun des généraux avait eu loisir de développer ses idées contre celles des autres. Aux Baléares, dans l'attente du départ, les rivalités entre officiers se jalousant avaient fait craindre que les ordres du haut-commandement ne pussent être appliqués avec toute la discipline requise. Sur place, les décisions successives d'un Beaufort à la fois brouillon et brutal se contredisaient trop souvent pour que chacun s'y retrouvât.

Pellisson prend un malin plaisir à insister sur les divergences entre les chefs :

> « l'Amiral naturellement défiant, jaloux de sa gloire & de son autorité au-delà de toutes bornes, & incapable de recevoir un conseil, si l'on pensoit qu'il lui fût nécessaire, crut qu'on lui donnoit un controlleur importun de ses actions, en lui donnant Gadagne, qui de

---

[31] *Histoire de Louis XIV, depuis la mort du Cardinal Mazarin en 1661 jusqu'à la Paix de Nimègue en 1678*, par M. Pellisson, *op. cit.*, tome 1, pp. 205.

son côté manquoit peut-être de cette souplesse d'esprit si nécessaire, pour gouverner ceux à qui l'on doit obéir[32]. »

Beaufort, du monde de la marine, et Gadagne de celui de la guerre, s'affichaient aux yeux de tous comme rivaux. La Guillotière n'était pas content d'être sous Gadagne, auquel il se considérait comme supérieur. Clerville essayait de se couper des autres, se disant le seul et unique conseiller de Beaufort et détenteur de la pensée de Louis. Mais c'était quand même sans compter sur la présence de Vivonne, frère de la Montespan, future maîtresse officielle du roi, et ami d'enfance de Louis, qui l'avait adjoint à l'escadre comme capitaine du vaisseau la *Reine* ; lui, il savait combien le roi, qui le lui avait dit lui-même, se méfiait de son cousin. Quant au sempiternel chevalier Paul, tout le monde était persuadé qu'il avait l'oreille du roi.

Tous ces réseaux d'informations, de rapports et de ragots avaient de quoi entraver le bon fonctionnement de l'armée sur place. D'un côté l'ordre qu'avait donné le roi à chacun des généraux de l'informer directement et en secret de ce que faisaient et pensaient les autres, allait semer la bisbille entre les responsables, empêchant la prise de décision rationnelle et envenimant les conflits de personnes. De l'autre, la volonté centralisatrice de Louis, qui exigeait de tout superviser et d'être informé de la moindre broutille, retardait les choix à prendre. Et c'était sans compter la crainte de tous de dire la vérité au roi, de peur de faire les frais de ses colères. Personne en fait ne décidait plus de rien.

Dès les premiers pas à Gigeri, l'état-major de l'escadre française s'était divisé en deux clans. D'un côté, Gadagne, Vivonne et une bonne partie des officiers de marine, proposaient de se dépêcher de fortifier l'existant avec les moyens même insuffisants du bord, pour se prémunir d'une attaque venant d'Alger dont on disait qu'elle pourrait se produire dans les prochaines semaines. De l'autre, Beaufort et Clerville soutenaient au contraire que le danger immédiat était trop faible pour justifier de tels travaux, et qu'il fallait plutôt songer à la construction d'une véritable citadelle, ce qui nécessitait qu'on attendît l'ordre formel du roi et les renforts et moyens qui devaient aller avec. Les deux options, qui n'étaient peut-être pas stratégiquement ni techniquement incompatibles, l'étaient devenues avec le durcissement des positions de chacun. Le deuxième groupe, celui de Clerville,

---

[32] *Ibid,* tome 1, p. 213.

prenait rapidement le dessus. De sorte qu'à la longue, personne sur place ne faisait rien d'autre qu'attendre une réponse de Colbert et un nouvel approvisionnement en biscuits et en matériaux de construction qu'on disait ne pas disposer sur place. Et encore. Colbert ayant demandé à des Houillères, l'adjoint de Clerville, un tracé concurrent dont l'intendant de marine à Toulon, La Guette, s'attachait à faire baisser le coût, nul ne savait plus à la fin de quel projet on parlait. De tout cela, les lettres de Beaufort au roi, d'une horrible orthographe, ne parlaient pas.

Les galères, qui ne servaient à rien qu'à consommer vivres et eau, quittaient la rade de Gigeri le 7 septembre après avoir vidé leurs réserves, et rentraient à Marseille avec le sentiment d'avoir rempli leur mission. Celles de Malte les avaient déjà précédées, puisqu'elles n'étaient là que pour aider à la prise de la ville, sans plus. Le départ des galères ne privait pas seulement le contingent d'une partie de son artillerie de couverture, il empêchait aussi de continuer de se servir de la chiourme pour les corvées d'eau et de bois. Ne restait sur place qu'une armée de pas plus de 3 000 hommes plus ou moins valides car fortement touchés par la dysenterie, et moins bien défendus par les vaisseaux restants qu'ils ne l'étaient jusqu'ici par les galères. Le 9 septembre, les échevins de Marseille s'affairaient quant à eux à désigner un consul à Gigeri.

Faute de mieux et en attendant de savoir quoi faire d'autre, la tranchée de protection du campement ne faisait qu'un piètre obstacle aux harcèlements incessants de la cavalerie ennemie, de sorte que la garnison se retrouvait finalement bien en peine de se défendre lorsque le 29 août d'abord, puis les 5 et 6 octobre, les Cabaïles renforcés cette fois des Turcs venus de Constantine puis d'Alger, donnaient du campement français un assaut difficilement repoussé, au prix à chaque fois d'une quarantaine de morts du côté français (et peut-être d'une centaine - pensait-on - chez l'ennemi). Des deux côtés, la sauvagerie des contacts et de la mise en scène - les têtes coupées et les corps démembrés exhibés en haut des piques servaient de part et d'autre à impressionner l'adversaire - allait croissante, nourrie par l'incertitude des combats.

Une fois mis au courant des mésententes locales, Louis XIV avait répondu en envoyant des renforts.

D'abord fin septembre, un convoi de six vaisseaux et six barques chargés de vivres, avait fini par arriver sur place. Avec un inspecteur envoyé par le roi, en la personne du sieur de Leyssins, chargé de rapporter sur la situation sur place et de transmettre à Beaufort l'ordre de quitter la place avec ses vaisseaux en ne laissant que deux navires (en fait les moins bons voiliers) au port, et le commandement de l'expédition à son adjoint Gadagne. Mais sans l'un des navires, le *Tigre*, qui avait sombré corps et biens, et perdu plus de 60 hommes et toutes les marchandises qu'il transportait. Et sans une bonne partie de la viande apportée, arrivée avariée à destination. Il faudrait peu de temps à Leyssins pour constater que la tranchée de protection avait été faite en dépit du bon sens, beaucoup plus sans doute pour finalement ne pas arriver à créer la moindre synergie entre les généraux. Quant à Beaufort, il hésitait à quitter la place, et reportait sans cesse son départ.

Puis un détachement militaire fort de quatre vaisseaux, d'une flûte et d'un brûlot, parti de France le 18 octobre sous le commandement de Martel (*cf.* Tab. 12) et arrivé à Gigeri le 22, apportait deux compagnies du régiment de cavalerie légère de Conti et un nouvel inspecteur, de Castellan, à qui le roi avait demandé comme à Leyssins un rapport sur ce qui se passait sur place. Castellan rappellerait aux généraux les ordres du roi, allant même jusqu'à prendre parti dans le débat entre les factions. Loin de trancher le différend, il allait rajouter son propre avis à la cacophonie ambiante.

Pour résumer, on apportait au contingent de Gigeri de la mauvaise viande, une quantité plutôt chiche de pelles et de matériaux légers (puisque la plupart avaient coulé dans le naufrage du *Tigre*) et les encouragements du roi, mais aussi l'assurance qu'ils auraient à passer l'hiver sur place :

> « les troupes qui avoient espéré d'être relevées plutôt que rafraichies, se regardoient désormais comme des troupes abandonnées en un pays étranger, & condamnées à périr en Afrique par ce départ de l'Amiral et de Vivonne, qui entraîneroient avec eux ce qu'il avoit de gens de plus grande qualité[33]. »

---

[33] *Ibid,* tome 1, p. 244.

Tab. 12 - Détachement militaire de Martel en renfort de l'escadre de Gigeri

bâtiment	type	capitaine
le *Dauphin*	vaisseau	de Martel
le *Soleil*	vaisseau	de Kerjean
la *Lune*	vaisseau	de Verdille
le *Notre-Dame*	vaisseau	de La Giraudière
l'*Espérance*	flûte	Garnier
le *Triton*	brûlot	Champagne

Les renforts de Martel étaient arrivés à point nommé, mais ils ne suffisaient pas. Ils n'empêchaient même pas les Turcs de débarquer, au nez et à la barbe des Français, les trois pièces d'artillerie lourde (dont deux de 48 livres de balle et une de 36) qu'ils avaient apportées d'Alger par mer. Personne ne s'était apparemment imaginé que les Turcs d'Alger étaient capables de livrer à Gigeri ces pièces d'artillerie lourde qui leur donnaient une supériorité évidente. Alors, quand on avait entendu des bruits divers et variés à moins de 500 m. des garde-côtes, nul ne s'était inquiété. Peut-être aussi que personne ne s'était senti investi de la responsabilité de donner l'alarme. Quand on apprenait dans le même temps que de nouveaux renforts ne pourraient arriver pour relever les troupes affaiblies par le climat et la dysenterie, la peste s'étant déclarée à Toulon, le découragement devait gagner les soldats français, allant jusqu'à la rebellion et la désertion.

Lorsqu'on avait compris que les Cabaïles étaient rentrés chez eux (qu'ils aient dû s'occuper de leurs champs comme on le voit le plus souvent écrit, ou qu'ils aient refusé de continuer de se battre contre les Français comme le pense Bachelot) laissant sur place les seuls janissaires de Constantine et d'Alger, Beaufort avait eu beau proposer de les attaquer à 500 ou 600 contre 2 000, le cœur n'y était plus dans les régiments affaiblis par les blessures et la maladie, de sorte que l'amiral n'avait pas été suivi lors du conseil de marine tenu sur place le 25 octobre. Le moral des troupes, désorganisées par les ordres et contre-ordres permanents, était alors au plus bas.

Depuis les derniers renforts reçus le 1er octobre, les Turcs, même sans parler de l'appoint des quelque 9 000 Cabaïles locaux, pouvaient désormais compter sur 3 000 hommes de pied et 500 chevaux, prenant leurs ordres d'Alger et bloquant tout approvisionnement du camp français. Face à eux, la troupe française n'était qu'un ramassis de 2 500 soldats, la plupart épuisés et malades, tenant des retranchements faits en dépit du bon sens et finalement sans réelle protection. Protégés par les collines, les ennemis, eux, étaient avancés à une portée de fusil.

Castellan, qui, comme Clerville, ne croyait pas que les Turcs disposeraient de canons de longue portée, s'était lui-même opposé à la solution de Beaufort :

> « Ie luy dis que vostre Majesté m'avoit ordonné de tesmoigner que son dessein estoit de bastir une citadelle, & de faire un port à Gigery, & d'asseurer en attendant nos lignes, de manière que nous y fussions tout à fait en seureté, & le priay de travailler ensuite sur ces principes : & comme il me pressa de dire mon advis, je luy representay que les choses estoient dans un estat à ne pas hazarder un coup de cette importance[34]. »

Après avoir hésité longtemps, Beaufort quittait Gigeri le 27 avec les vaisseaux du chevalier Paul, ne laissant sur place que 200 marins et 30 canonniers. Il allait faire croisière, d'abord et très brièvement devant Alger comme il lui était ordonné (car il était initialement prévu qu'il doive chercher à intercepter en mer la livraison de canons de longue portée par les Turcs, ceux mêmes qui étaient déjà arrivés à destination), puis vers Tunis. Au plus mauvais moment des points de vue matériel et psychologique, alors qu'on aurait eu besoin de lui et surtout de sa flotte, il quittait Gigeri en se justifiant de l'ordre de Louis. Après avoir fait semblant de se battre contre deux navires corsaires, il se montrerait devant Alger avant de rentrer à Toulon sans revenir porter assistance au contingent de Gigeri, bien qu'il ait été pourtant informé de la livraison des canons de l'*agha*. Au port, ne restaient plus que deux vaisseaux, le *Soleil* et la *Lune*.

Pour l'heure, le 29, c'était plutôt aux Turcs d'attaquer en tirant du gros calibre, faisant des dégâts dans la défense française du poste dont ils détruisaient les redoutes.

---

[34] Relation contenant diverses particularitez de l'expedition de Gigery, et entre autres la retraitte des trouppes Françoises, par M. de Castellan, in : *Recueil historique contenant diverses pièces curieuses de ce temps*, à Cologne, chez Christophre van Dyck, 1666, pp. 37-38.

> « Ce fut alors que la consternation de l'armée fut extréme, se voyans sans Redoutes, sans lignes, accablés du Canon dans le Camp, quatre mille Turcs sur la hauteur qui s'estendoient par de petits logemens dans le bas & à costé de la Montagne pour nous approcher, & nous voir à revers, & tous les Maures s'assemblant par les feux qui se faisoient sur les Montagnes…
> Il estoit temps de prendre le party de la retraitte, estans sans deffences & sans aucune resource[35]. »

Le 30 octobre, un peu plus de trois mois après le débarquement, la débâcle apparaissait à tous inéluctable, et l'ordre de retraite - proposé par Clerville et La Guillottière, Gadagne faisant semblant d'y être opposé - était donné, dans la confusion d'une nouvelle mésentente entre les chefs. Alors que les officiers se demandaient encore s'ils avaient bien fait de signer ou pas la lettre envoyée au roi, les soldats français, en tous cas ceux qui en avaient encore la force, couraient s'entasser sur les navires qu'avait apportés de Martel (puisque Beaufort était parti avec les siens), poursuivis par les Turcs jusque sur la plage. La Guillottière embarquait de la ville, sur la *Lune*, quand Gadagne supervisait le retrait des autres à partir du marabout. En abandonnant sur place une partie des blessés dont on peut imaginer le sort, mais aussi trois mois de vivres restants, un millier de mousquets, 30 pièces de canon de fonte et 15 de fer, sans compter la cinquantaine de mortiers, avec aussi celles des munitions qui n'avaient pas été stockées dans le marabout qu'on faisait sauter avant de lever l'ancre.

La retraite se faisait dans une pagaille indescriptible, sur fond de mésentente, une nouvelle fois, entre Castellan, Gadagne et Martel.

Une déroute complète, comme personne en France ne pouvait l'imaginer puisque tout le monde était persuadé qu'on avait, brillamment et facilement, conquis Gigeri. Il n'est que de lire le rapport sur les moyens de prendre Alger que le commissaire général Trubert n'hésitait pas à soumettre le 1er novembre, le lendemain même de la débâcle, dans lequel on apprenait comment l'on pouvait désormais détruire la course barbaresque. Un de plus, et toujours de la même veine…

Pour l'instant, c'était une flotte en piteux état à la fois physique et moral qui regagnait la rade de Toulon ce 5 novembre 1664, accueillie qu'elle était par la stupeur des autorités bientôt relayée par la

---

[35] *Ibid.*, p. 45.

consternation des négociants marseillais. Au port, Beaufort arrivait à son tour le 7.

Mais le pire était encore devant.

A son arrivée à Toulon, la flotte portant ce qu'il restait de l'aventure était contrainte en temps de peste d'aller faire quarantaine à Porquerolles. A dire vrai, cette décision de La Guette, l'intendant de marine de Toulon, lequel était tombé des nues en voyant arriver cette troupe en déroute, lui qui en était resté à ce qu'on lui avait écrit que la France avait glorieusement conquis Gigeri, tenait moins à des considérations sécuritaires (la peste était alors en France, pas en Algérie) qu'à la volonté de ne pas laisser débarquer une soldatesque qui aurait tout raconté de la défaite, qu'il ne fallait annoncer crûment ni au roi, ni au pays.

Lors de la manœuvre de redirection le 6 novembre dans le chenal des îles d'Hyères, le vaisseau de troisième rang la *Lune*, hors d'âge et apparemment mal radoubé, se fendait en deux et coulait à pic. Il portait dix compagnies du régiment de Picardie, plus de 700 hommes, dont presque tous ne savaient pas nager, à l'instar du maréchal de camp de La Guillottière, qui devait périr dans le naufrage.

Quant à ceux qui ne s'étaient pas noyés et avaient rejoint l'îlot de Port-Cros où étaient parqués les autres, nombreux seraient retrouvés morts abandonnés. La version officielle soulignait que les conditions météorologiques désastreuses avaient empêché de les pourvoir en vivres et médications. La vérité oblige à dire qu'on n'avait visiblement fait aucun effort pour qu'il en fût autrement, tant il fallait absolument que personne ne connût rien de toute cette histoire.

Au bout du compte, seuls quelques militaires, dont le vieux commandeur de Verdille à la barre de la *Lune*, se seraient réchappés du naufrage du vaisseau. Tout avait certes été fait pour qu'on ne le sût pas trop, la *Gazette,* jusqu'ici dithyrambique, s'étant faite des plus discrètes, sur le naufrage aussi bien que sur la défaite. Ce n'était pas seulement la volonté de Louis de prendre pied en Algérie qui prenait l'eau, mais bien aussi sa flotte elle-même.

L'expédition de Gigeri se soldait par un échec total ; pire, un véritable désastre.

Aux dires de l'état qui serait dressé un mois plus tard par le port de Toulon, les armées de France et de Malte réunies comptaient dans les

2 700 morts, en y incluant les 700 de *la Lune*, alors que ceux d'en face n'avaient en comptant bien peut-être guère plus de 500 tués et 200 blessés. Et encore. On n'était quand même pas sûr que le chiffre englobât ceux des malades et blessés restés sur place et massacrés par les janissaires, ni ceux nombreux parmi le millier de rescapés arrivés affaiblis à Toulon et qui n'en avaient pas réchappé non plus (ce qui faisait peut-être encore une centaine). Sans compter la perte d'une cinquantaine de canons et mortiers. Notre *Gazette* officielle, celle qui avait noirci des pages entières remerciant le roi de la prise de Gigeri, ne devait consacrer au dénouement de cette affaire que quelques lignes, et encore des plus allusives et seulement le 12 novembre.

Pour Louis, le mieux était visiblement de n'en point parler.

Sans accorder trop d'attention aux pertes humaines qui n'étaient semble-t-il que le cadet de ses soucis, le roi ne digérait pas ce qu'il considérait comme un affront majeur. Il se devait de trouver des responsables. Il ne lui suffisait pas que les généraux rentrés la queue basse de Gigeri lui bredouillent de vagues récriminations contre une soi-disant fausse parole des Cabaïles qui s'étaient déclarés soucieux de négocier tout en continuant de se battre.

Il en voulait d'abord à Clerville, que Gadagne avait d'abord dénoncé et qui l'avait trompé sur sa compétence, avant de reconnaître que ce n'était là qu'un sous-fifre et se rappeler aussi qu'il en avait grand besoin pour les fortifications.

Les vrais coupables étaient à n'en point douter les grand-chefs.

Il y avait d'abord le roi lui-même, qui en cherchant à diviser pour régner et à avoir regard sur tout ce qui se faisait sur place, avait bel et bien empêché tout système de décision de fonctionner efficacement. Mais, et sans surprise, on n'avait comme à l'habitude jamais eu trace de ce que Louis reconnût la moindre de ses faiblesses et encore moins de ses torts.

Il y avait ensuite Beaufort. Mais il n'était pas question non plus que Louis accablât son cousin brouillon et incompétent : attaquer le sang royal, même abâtardi, serait en vouloir à la royauté elle-même, et de cela, il était hors de question.

Pas plus que de s'en prendre non plus à Colbert, que les amis de Fouquet, dont le procès touchait à sa fin, assuraient qu'il était à l'origine de tout ce qui ne marchait pas dans le royaume, et se rappelaient fort bien que c'était lui-même qui avait pris sur lui de retenir d'attaquer Gigeri. Au ministre un moment ébranlé mais devenu indispensable, il ne serait pas tenu grief non plus de cette défaite.

Restait Gadagne, le commandant des troupes terrestres, celui auquel Beaufort avait dû justement remettre le commandement-en-chef en quittant le poste, celui aussi que Castellan et même - méchamment et honteusement - Martel, avaient chargé auprès du roi à son retour d'Afrique. Lui, Gadagne, ferait bien l'affaire. Celui-là avait pourtant toujours critiqué l'autre, expliqué qu'il fallait faire autrement. Mais à vrai dire, nul ne savait si les solutions qu'il avait préconisées (le choix de Bougie, celui de se dépêcher de fortifier la place, celui peut-être de ne pas faire une retraite aussi honteuse) auraient été les bonnes. On se rappelait seulement de ce qui n'avait pas marché, de ce qui s'était soldé par une débandade déshonorante pour le roi, alors que c'était lui le chef. Il paierait donc pour tous les autres, et d'abord pour Beaufort, même si le rapport circonstancié qu'il allait pondre pour sa défense montrerait à tous qu'il ne serait pas aussi facile de se débarrasser de lui. Et tous à la cour trouvaient bien sûr de bon ton de le charger.

> « Comme ceux qui ont donné les conseils veulent jeter la faute sur ceux qui ont exécuté : on prétend faire le procès à Gadagne pour ne s'être pas bien défendu. Il y a des gens qui veulent sa tête : tout le public est persuadé pourtant qu'il ne pouvait pas faire autrement[36]. »

Ce commentaire de la marquise de Sévigné n'est peut-être pas plus avisé que d'autres, mais il est représentatif de ce que pensaient quand même beaucoup d'observateurs, surtout ceux proches de Fouquet.

Restait également La Guette, l'intendant de marine de Toulon, qui avait fait son possible pour que l'expédition réussît, mais qui présentait l'avantage pour le roi d'être méprisé, critiqué et finalement dénoncé comme incompétent par l'aristocratie des officiers de marine, qui n'acceptait pas d'être mise aux ordres de quelqu'un qui ne fût pas de leur corps. Lui, La Guette, il ne coûtait rien de le limoger, ce qui fut fait immédiatement ; La Guette, finalement le seul qui fut tenu responsable de l'échec, et puni en conséquence.

Pour l'instant et du point de vue le plus officiel, on ne devait pas parler de débâcle, mais bien plutôt d'une retraite des troupes envoyées

---

[36] Lettre à M. de Pompone du 17 novembre 1664, *in* : Marquise de Sévigné, *Lettres*, Paris, Hachette, 1862, p. 437.

occuper Gigeri vers la Provence, retraite dont elles n'avaient jamais reçu l'ordre. Mais c'était quand même compliqué, et le plus simple, en fait, restait de mettre toute l'affaire sur le compte de la peste ; la peste, que l'intendant La Guette n'avait pas su gérer ; la peste, dont on ne se rappelle pas qu'on en vît la moindre trace à Gigeri.

Pellisson, l'historiographe du roi, préférait quant à lui reconnaître l'échec, tout en attribuant la faute à l'incapacité du haut commandement de tenir compte autant qu'il aurait fallu des conseils et ordres de Louis.

« Quant au mauvais succès de Gigeri »

tiendrait-il à préciser, dans son rapport qui serait publié plus tard,

« ce n'est pas une couleur de panégyrique, mais une vérité de l'histoire, qu'il doit être principalement attribué à l'éloignement du Roi, & à l'inexécution de ses ordres entre les Officiers généraux, que la haine, la jalousie & l'ambition partageoient & agitoient de mille sortes[37]. »

D'autres historiens expliqueraient l'échec par les difficultés de la logistique. Ainsi Limiers, le continuateur de Mézeray, dans ses commentaires de l'année 1663 :

« On entreprit l'année suivante de faire un établissement sur la côte de Bugie, pour assurer encore mieux la navigation des Vaisseaux François. On s'empara pour cet effet de Gigeri, où l'on se maintint durant quelques mois sans beaucoup de peine. Mais les vivres ayant manqué par la difficulté d'y mener les convois, on fut contraint d'abandonner cette entreprise, dont les mesures n'avoient pas été bien concertées[38]. »

On se chercherait, comme on le voit, des excuses.

Sans quand même qu'on en sût trop sur la défaite, qu'il fallait cacher. On ne publierait donc rien ou presque des conclusions de la nouvelle enquête que le roi avait confié à Saron de Champigny suite aux rapports de Beaufort et de Castellan, enquête qui devait sans

---

[37] *Histoire de Louis XIV, de la mort du Cardinal Mazarin en 1661 à la Paix de Nimègue en 1678*, op. cit., tome 1, p. 197.
[38] *Abrégé chronologique de l'Histoire de France*, nouvelle édition, augmentée, tome quatrième, par M. de Limiers, pour servir de suite à l'Abrégé de M. de Mézeray, à Amsterdam, chez David Mortier libraire, 1755, p. 337.

surprise disculper l'amiral cousin du roi et charger Gadagne et La Guette. Nul ne put dire en fait qu'une véritable inspection ait été conduite.

Circulez, il n'y a rien à voir.

Cela n'empêcherait pas la *Gazette*, soucieuse de glorifier Louis et son armée partout où l'on se trouvait et quoi qu'on y fît, de refuser de reconnaître la défaite, dans laquelle elle préférait voir une expérience positive...

> « Ainsi, l'on ne peut exprimer la gloire des François d'avoir soustenu si long-tems, vn si grand nombre d'Ennemis dans le cœur de leur Païs, où ils estoyent continüellement rafraichis de diverses Places, & donné une telle allarme à celles de Bugie, d'Algier, & de Constantine, qu'on aura peine d'y en perdre la mémoire[39]. »

Sur ce dernier point, la presse officielle n'avait pas plus raison que sur les autres, puisque tout avait été justement fait pour cacher la déroute. Afin d'éviter de s'en rappeler, sans doute.

Serselle : quelle revanche ?

Après avoir ressassé que la victoire qu'on croyait acquise était celle de Louis, sans doute fallait-il que la cuisante déroute de Gigeri fût non seulement occultée, mais aussi vengée. Car nul ne pouvait prétendre battre le plus grand roi du monde, et surtout pas la poignée de sauvages qu'on avait présentée à l'opinion.

Deux escadres navales chargées une nouvelle fois de punir les bateaux barbaresques si nuisibles au commerce marseillais furent décidées dès novembre 1664 et bientôt mises sur pied. Une nouvelle fois, on s'était donné les moyens de faire plier la régence d'Alger. Cette fois-ci, il n'était plus question de débarquer quelque part sur le rivage, mais au contraire de renouer avec la tradition des croisières punitives.

Comme pour bien montrer qu'il s'agissait de prendre revanche sur la défaite de Gigeri, on avait mis pour les commander les mêmes états-majors.

---

[39] *Gazette* n°141, s.d. (1664), p. 1154.

Le 21 novembre 1664, la première escadre, forte de quatre vaisseaux, avec à sa tête de Martel, partait en tête et sillonnait la mer entre la Sicile et Tunis. Précédée d'annonces intempestives claironnées alentour, elle ne rencontrait pas de corsaires barbaresques, lesquels avaient sans doute tout fait pour l'éviter.

La seconde, forte également de quatre bâtiments de guerre commandés par Beaufort, était de même partie de Toulon le 17 février 1665 pour la rejoindre en mer. Mouillée jusqu'au 24 dans le canal de Sardaigne, la flotte traquait les corsaires de la régence jusqu'à Tunis et son port de La Goulette, où ils venaient souvent se réfugier. Le *bey* cédait d'emblée sans combattre. En fait le combat avait quand même bien lieu, mais entre les Français et trois vaisseaux d'Alger qu'on avait découverts par hasard et qu'on s'était fait un plaisir de démolir. Arrivée le 28 février de nuit à la Goulette, le port de Tunis, l'escadre de Beaufort, qui avait fait sa jonction avec celle de Martel, était en effet tombée sur un petit groupe de navires d'Alger, qu'elle s'était mise à canonner.

Surpris par l'attaque française, le vaisseau amiral cédait devant l'assaut, avant de prendre feu. Les pertes barbaresques étaient conséquentes : outre le millier de morts (marins, soldats et esclaves) dont les rapports - volontiers exagérés - feraient état, plus d'une centaine de milliers de livres de marchandises avait été noyée.

> « Il n'est resté que 400 hommes de ce grand nombre qui estoit sur les trois. Mais ce qui a le plus fasché les Barbares, est que parmi environ 40 Chrestiens qui ont esté sauvez avec les Turcs que l'on a pris, il s'est trouvé vn Charpentier capable de bastir des Vaisseaux comme les leurs[40]. »

Résultat de cette découverte fortuite, les trois plus gros navires de la régence étaient neutralisés, par ce que la *Gazette* n'hésitait pas à qualifier d'

> « Action la plus hardie, & la plus glorieuse qui se soit exécutée sur les Mers[41]. »

---

[40] Le Combat donné entre les Vaisseaux du Roy, sous le commandement du Duc de Beaufort, & ceux d'Algier, sous le Fort de la Goulette, proche de Thunis : où l'Amiral, le Vice-Amiral, & le Contre-Amiral des Barbares ont esté bruslez, & coulez à fonds, *Gazette* n°51, s.d. (1665), p. 402.
[41] *Ibidem.*

> « Ces circonstances… font voir de quelle conséquence est l'avantage r'emporté par les François, & quelle gloire n'en est point düe, principalement à ce Prince, qui sçait faire, & exécuter des Entreprises si hardies, & si vtiles à l'Estat[42]. »

rajouterait-elle bientôt, au cas où quelqu'un n'aurait pas compris qui avait réellement gagné. Et l'escadre de revenir à l'Ouest début mai se montrer en puissance, faire une démonstration de force devant Alger.

Bon. Démonstration de force, façon de parler. On avait bien prévu de bombarder Alger, mais les galères n'étant pas parvenues sur place, on avait préféré lâcher.

> « Le 2 du Passé, le Duc de Beaufort estant arrivé devant Algier, à la portée du canon, y envoya vn Major, sous prétexte d'apprendre des nouvelles des Esclaves, mais en effet pour sçavoir si les Navires de ces Barbares estoyent revenus du Levant. »

Tout était normal, des navires armés étaient bien dans le port qu'il était difficile d'attaquer sans une quantité suffisante de munitions, de vivres et d'eau. Peut-être aussi s'était-on dissuadé de bombarder la ville, afin de ménager la susceptibilité de la Porte qui n'aurait sûrement pas apprécié qu'on en fît trop. Aussi ne fit-on rien :

> « ils ne pûrent faire autre chose que demeurer en très-bel ordre, avec toutes les marques de Combat : de manière que les Ennemis voyans leur bonne côtenance n'osérent venir à eux, encor qu'ils fussent apparemment prés de 7000 hommes. Le Duc de Beaufort voyant toutes ces difficultez… se contenta de se montrer encor à ceux d'Algier pour leur temoigner du peu de cas qu'il faisoit de leurs Forces & après cette bravoure singuliére, comme les vivres finissoyent[43] »

décidait de rentrer à Toulon début Juin sans que rien d'autre ne se fût passé.

Avant de repartir bientôt en chasse.
Car dès le mois suivant, une nouvelle croisière était en effet montée, plus forte encore que la réunion des deux précédentes.

---

[42] *Ibid.*, pp. 402-403.
[43] De Toulon, le premier Iuin 1665, *Gazette* n° 71, s.d. (1665), pp. 579-580.

Commandée une nouvelle fois par Beaufort assisté du chevalier Paul, de Martel et de Duquesne, la flotte comprenait une douzaine de vaisseaux, sans compter sept autres qui devaient les rejoindre en mer. Toute la flotte française du Levant était là.

Arrivée devant Alger le 19 août, elle se divisait en deux croisières, l'une filant à l'Ouest sous la direction du chevalier Paul, l'autre à l'Est commandée par Martel, Beaufort mouillant face à Alger. Une escadre barbaresque ne pouvant entrer dans le port, filait à l'Ouest, coursée par la croisière de Paul, lequel était bientôt rejoint par d'autres navires de la flotte française. Huit navires français, bientôt neuf, étaient à l'attaque (huit vaisseaux et un brûlot), de quoi s'assurer de la supériorité des armes. Nouveau coup de chance : on était une nouvelle fois tombé sur les principaux vaisseaux restants de l'*agha* qui naviguaient ensemble au large d'Alger, et qu'on poursuivait jusqu'à la rade de Serselle (aujourd'hui Cherchell).

> « Sarcelle est un petit Port à vingt-cinq mille d'Alger, ou environ, défendu d'une Forteresse qui a dix-huit ou vingt Pieces de Canon en Baterie de 12. à 18. livres de Balles sur des Bastions terrassez[44]. »

Le petit havre ne pouvait en aucun cas prétendre protéger autant de navires, et le combat s'engageait en mer, cette fois-ci. Le 24 août 1665, les neuf vaisseaux français, en supériorité numérique manifeste, prenaient facilement l'avantage sur des ennemis inférieurs en nombre et surtout plus habitués à la guerre de course qu'à la bataille navale. Des cinq bateaux de la régence, deux étaient coulés et les trois autres étaient pris, dont un vaisseau de 800 tonneaux sur lequel se trouvaient, parmi ses 80 pièces d'artillerie, 14 des canons perdus à Gigeri ainsi récupérés par la France.

Cette victoire

> « en laquelle occasion les Nostres ont gagné l'Amiral, le Vice-Amiral, & le Contre-Amiral, des Infidelles, outre plusieurs autres brulez, ou échoüez[45] »

---

[44] Relation de tout ce qui s'est passé touchant la guerre d'Alger, depuis que les Algériens ont rompu la paix, *Mercure galant*, octobre 1682, 1ère partie, pp. 309-310.
[45] Le Combat donné entre les Vaisseaux du Roy, commandez par le Duc de Beaufort, & ceux des Corsaires d'Afrique, sous la Forteresse de Serselles, prés d'Algier, le 24 Aoust 1665, *Gazette* n° 110, s.d. (1665), pp. 901.

était bien la revanche espérée, presque symbolique, sur la défaite de l'année précédente. A vrai dire, on n'était pas certain que les bateaux pris aient bien été ceux indiqués, et l'on confondait peut-être cette attaque avec celle de La Goulette, mais cela ne coûtait rien de l'affirmer ;

> « le Sieur Villeroy dépesché par le Duc de Beaufort, estant venu informer Sa Majesté de ce bon succez, en fut reçeu avec la joye qu'il est aisé d'imaginer, & avec tous les glorieux tesmoignages d'estime qu'il pouvoit attendre pour la part qu'il y avoit eüe[46] »

concluait sobrement la *Gazette*.

Au-dessus de tous, et une nouvelle fois, Louis, le plus grand roi du monde, finalement triomphait. C'était bien l'essentiel, et en tout cas ce que la presse officielle retenait des faits. A son habitude, la *Gazette* se défendait d'en faire trop.

> « Ne seroit-ce pas estre trop injurieux à la gloire d'vn Prince qui continüe de se signaler par de si belles Actions, tandis que la pluspart des François joüissent du repos de la Paix, de ne pas les prodüire au jour, dans toute leur étendüe ? Ne seroit ce pas, aussi, dérober les plus dignes sujets d'emulation à nos Braves, détouffer dans le silence, des Exploits si capables de les animer ? Et ne seroit-ce pas, enfin, estre ennemi de l'honneur de sa Patrie, & de la réputation des Armes du plus grand Monarque de la Chrestienté, de ne pas publier cette süite de leurs succez ? Il faut, donc, donner à cette Peinture historique, tous les traits qui la peuvent achever[47]. »

Pour que rien ne manquât à la fête, le 21 octobre 1665 et en grande pompe, une marche triomphale apportait du Louvre à Notre-Dame une dizaine de drapeaux pris aux corsaires de Tunis et d'Alger, par Beaufort, ce cousin du roi qui

> « recherchoit avec toute l'ardeur imaginable, l'occasion de signaler cette bravoure avec laquelle il a coütume d'aller affronter les Barbares jusques chez eux[48]. »

Jusqu'à Pellisson qui ne se sentait plus de joie.

---

[46] *Ibid.*, p. 912.
[47] *Ibid.*, p. 901-902.
[48] *Ibid.*, p. 903.

« De quoi n'étoient point capables les François, maintenant qu'ils avoient trouvé un Maître propre à fixer l'instabilité de leur esprit, & à leur donner ce qui leur manquoit depuis tant de siècles, la patience, l'art de profiter de leurs fautes, & la force de persévérer ?[49] »

Quant à la croisière de Beaufort, elle avait continué sa course, sans autre résultat qui pût compter, puisque l'essentiel, c'est-à-dire la défaite des Barbaresques, était désormais acquis. A ceux de Tunis et d'Alger, la France était en mesure de dicter ses conditions.

Tunis signait la paix le 23 novembre 1665. Restait à faire de même avec Alger.

La situation y était plus compliquée, car l'*agha* Chaban hésitait à signer avec la France. Les janissaires, qui avaient tout à perdre de la continuation de la guerre, le poussaient à accepter une trêve même imposée par l'ennemi, dont on préjugeait qu'elle avait peu de chances d'être appliquée. Mais la *taïffa* des *raïs*, victime des galères de Venise et de celles des chevaliers de Malte qui avaient porté des coups décisifs à sa flotte, refusait de se voir privée de l'essentiel de ses revenus et voulait au contraire continuer d'en découdre. Finalement, le conflit se réglait par l'assassinat de Chabane et son remplacement par Ali Agha, réputé plus souple. Comme de coutume, les *raïs* avaient dû s'incliner devant la milice des janissaires.

Le temps était venu pour qu'on s'accommodât et pour que le consul de France à Alger, Dubourdieu, s'affairât à proposer un arrangement. Ce fut bientôt effectif, par le traité de paix et de commerce signé le 17 mai 1666 avec la régence d'Alger, traité présenté dans les gazettes parisiennes comme donnant suite aux exigences françaises.

Beaufort étant rentré en France après ses exploits de Gigeri, il revint au chevalier André-François Trubert de la chambre du roi, le commissaire général des armées navales à Toulon qui s'était fendu en 1664 d'un *Mémoire pour ruiner Alger*, d'être envoyé sur place discuter avec l'*agha* des derniers détails du traité qu'il était devenu urgent de rétablir, maintenant que la France était en position de force - enfin le disait-on.

---

[49] *Histoire de Louis XIV, depuis la mort du Cardinal Mazarin en 1661, jusqu'à la Paix de Nimègue en 1678, op. cit.*, tome 1, pp. 276-277.

C'est donc ce Trubert qui allait signer au nom du roi l'accord du 17 mai 1666, qui prévoyait la libération de tous les esclaves chrétiens (en 1668, on en compterait finalement 1 127, pas un de plus ni de moins, payés pour la plupart par les communautés de Provence à peine aidées d'une faible subvention du roi), et le rétablissement des droits des Français au Bastion-de-France.

S'agissait-il en l'état d'une grande victoire ? Peut-être pas autant que le discours officiel voulait bien présenter le texte sur lequel on avait fini par déboucher.

En application des traités passés avec la Porte dont on rappelait le souvenir, on s'interdirait à nouveau, des deux côtés, de pratiquer la course à l'autre. On s'accordait à dire que les arrangements militaires et commerciaux établis un jour avec les Turcs devaient s'appliquer également s'agissant des relations avec la régence d'Alger qui leur était, en principe au moins, soumise. La France obtenait la restitution de tous les prisonniers mis en esclavage dans les territoires de la régence, mais elle devait rendre en échange une partie de ceux qu'elle avait pris. On convenait en effet

> « que tous les Esclaves François, pris sous quelque Banniere que ce soit, & qui pourroient estre pris à l'avenir, de quelque qualité & condition qu'ils soient sans en excepter aucun, seront mis en liberté & rendus de bonne foy, ainsi que les Janissaires qui sont en France pris sous la Banniere & dans les Vaisseaux de la Ville & Royaume d'Alger, seront pareillement rendus[50]. »

Les autres Algériens, c'est-à-dire les corsaires des *raïs* et ceux, janissaires ou pas, qui se trouveraient pris sur des navires commerciaux, ne seraient - en principe - pas rendus. Pour ceux-là, malgré ce qui se disait en France, on n'avait pas conclu quelque chose de concret, de précis, qui fut admis par les deux parties. Sur de nombreux points, le texte prêtait quand même à confusion. En fait, pour qui voulait bien discuter, tous les articles statuant sur le sort de

---

[50] Traité de Paix entre le Roiaume de France & la Ville & Roiaume d'Alger, du dix-septième May 1666, in : *Corps Universel Diplomatique du droit des gens, contenant un recueil des traitez d'alliance, de paix, de treve* par M. J. Du Mont, à Amsterdam chez P. Brunel, R. et V. Wetstein et G. Smith, Henri Waesberge & Z. Chatelain ; à La Haye chez P. Husson et Charles Levier, volume VI, partie I, 1728, p. 111.

ceux présentement détenus à Alger comme en France, pouvaient donner lieu à toutes les interprétations possibles.

La discussion fut, d'après ce qu'on en sait, tout sauf facile, et cela malgré une grande propension à la négociation affichée par Trubert et par le négociant marseillais Arnault qui l'accompagnait. Il ne fallut pas moins de deux aller-retours à Toulon du *Cheval marin* et de la *Sirène* pour régler tous les détails de l'échange de captifs, et encore de façon incomplète.

Louis rechignait à se séparer des turcs des galères de Marseille, et mégotait jusqu'à demander et obtenir qu'on échangeât deux esclaves français contre un turc. C'est sur cette base que les négociateurs français comptabilisaient 275 esclaves turcs aux galères (alors qu'ils étaient plus près du millier), qu'ils acceptaient d'échanger contre 565 des leurs captifs à Alger. Le ministère, de son côté, parlait de ne libérer qu'une cinquantaine de galériens. En octobre 1667, le *diwan* recensait 900 esclaves français libérables, au moment où Colbert en réclamait 1 500, sans lesquels la France refusait tout échange avec les turcs des galères. En janvier 1668, l'intendant des galères de Marseille, Arnoul, déclarait n'avoir « retrouvé » que neuf Turcs sur les 15 que Louis avait finalement choisi de donner en présent à l'*agha*, et seulement 13 des 36 que Trubert avait été obligé de promettre, ce qui d'ailleurs lui avait été vertement reproché. En février, on en avait trouvé 32. Arnoul déclarait s'opposer à toute restitution de turcs, arguant de ne pas pouvoir vérifier l'origine de ces forçats, la totalité d'entre eux se revendiquant Algériens dans l'espoir d'être libérés. La même question se posait du reste dans l'autre sens, le parlement de Provence refusant de racheter tous ceux, dont une partie de Savoyards et d'Italiens, se disant Français…

Non seulement Trubert était désormais enjoint par le roi de ne pas aborder avec ses interlocuteurs la question de ces turcs, mais il devait aussi essayer de gagner du temps dans l'acquisition des Français, que le ministère pensait pouvoir être pris en charge par le parlement de Provence, région d'où la plupart de ceux-ci provenaient. Le grand marchandage. Par mesure d'économie, un ordre du roi de septembre 1666 avait même interdit qu'on rachetât ceux pris sur des navires étrangers, comme on avait commencé à le faire.

Colbert avait longtemps tergiversé, ne répondant pas aux lettres de la régence, avant que l'*agha*, qui avait au début modéré ses demandes, ne les durcît lorsqu'il apprit que les siens enchaînés à la chiourme étaient plus nombreux qu'imaginé. A en croire les exigences péremptoires de l'*agha* remonté par de véritables mises en demeure des *raïs*, on frisait à nouveau la guerre. Le ministre français se méfiait de Trubert et d'Arnault, qui cherchaient un accord permettant de reprendre le commerce, et qui étaient prêts à suivre les exigences de la régence d'appliquer à la lettre des termes du contrat, dont le ministère donnait sa propre lecture. On dispose de plusieurs courriers par lesquels Colbert reprochait vertement à Trubert de trop céder à l'*agha*, alors que le commissaire faisait visiblement tout son possible pour traduire en actes le traité dûment signé. Pressé par Arnoul, Colbert utiliserait tous les arguments jusqu'aux plus mauvais, pour refuser de se séparer des turcs comme le traité l'imposait. Quant aux 100 000 écus promis par le roi pour payer l'ensemble des rachats, ils avaient fondu bien vite, lorsqu'il s'était su que les Provençaux, qui formaient la quasi-totalité des captifs français d'Alger, pourraient être rachetés par des fonds privés et par une dotation du parlement local. C'était toujours ça d'économisé, et c'était suffisant pour expliquer que les négociations pussent traîner en longueur comme elles le faisaient.

Contrairement à ce qu'on aurait pu penser s'agissant quand même d'une négociation, les chiffres des captifs que les deux parties s'opposaient avaient plus tendance à s'écarter les uns des autres qu'à se rapprocher en perspective d'une entente. Du côté français, on arguait du coût excessif de la transaction pour justifier une mauvaise foi évidente. En bref, la France, qui déclarait accepter de racheter les Français détenus à Alger mais qui refusait de libérer les Algériens détenus aux galères, n'hésitait pas à bloquer l'application du traité. Désavouée par le ministère, la mission de Trubert le négociateur se terminait en mai 1668 sans que rien au fond n'ait été réglé, ouvrant la voie à une rupture qui allait intervenir en octobre de la même année. En février 1669, le traité signé trois ans plus tôt serait considéré des deux côtés comme rompu.

Par ailleurs, on statuait en termes ceux-ci plus clairs sur le rôle du consul de France à Alger dont on fixait avec précision, les tâches, les prérogatives, les avantages.

Défini comme un diplomate et non comme le représentant des commerçants et *a fortiori* comme un otage français aux mains de ceux d'Alger, celui-ci avait la prééminence sur ses collègues d'autres pays quand ils existaient, et sa personne était protégée en cas de conflit. On acceptait aussi qu'il se plaçât en position de représenter l'ensemble des ressortissants français, auxquels on reconnaissait par ailleurs le libre exercice de la religion chrétienne.

> « Et pour travailler à l'établissement d'un Commerce ferme & stable, les Très-illustres Bacha, Divan & Milice, envoyeront s'il leur plaist, deux Personnes de qualité d'entre eux resider en la Ville de Marseille, pour entendre sur les lieux les plaintes qui pourroient arriver sur les contraventions au present Traité, ausquelles sera fait en ladite Ville toutes sortes de bons traitemens, comme aussi le Consul des François fera le mesme Office en la Ville & Royaume d'Alger[51]. »

Qu'elles fussent militaires, diplomatiques ou encore commerciales, les relations entre la France et la régence redevenaient privilégiées, en tous cas sur le papier. Les navires marchands paieraient des droits moins élevés (mais paieraient des droits quand même, et pour la première fois), et surtout - promis, juré - ils ne seraient plus coursés, contrairement à ceux d'autres nations même amies de la France. C'est du moins ce que les diplomates des deux bords disaient et répétaient, peut-être sans trop y croire.

Car la mise en œuvre du traité allait poser plus de questions qu'il n'en était fait état en cours de négociation, à tel point qu'il est peu de dire que les termes de ce nouveau contrat ne furent nullement respectés par aucune des deux parties.

Les notables d'Alger se plaignaient d'abord de la facilité avec laquelle l'*agha* signait avec les Français des accords dont eux seuls faisaient les frais. Il leur fallait en effet rendre leurs esclaves dont ils déclaraient ne pas pouvoir se passer, non pas tellement en raison du travail que ces gens faisaient, car il n'y en avait pas tant qu'on a dit, que pour la considération et position sociales qu'ils leur apportaient.

Ils laissaient donc les janissaires et les *raïs* aux commandes, sans lever le moindre petit doigt en faveur de l'*agha* lorsque celui-ci était en difficulté. La révolution de palais de 1671, qui entérinerait la suprématie des *raïs* sur la milice, se ferait avec l'accord passif mais tacite des notables d'Alger.

---

[51] *Ibidem.*

Pour les *raïs*, la course, leur gagne-pain, n'avait pas lieu de s'arrêter pour si peu. Quand les conditions étaient réunies, que personne ou presque ne pouvait les voir, quand ils n'étaient pas trop près de leur base, l'occasion faisait le larron.

Lorsque l'affaire devenait trop voyante, ou trop importante pour qu'on la laisse passer sans broncher, on échangeait des mots plus hauts que d'autres, on se menaçait de représailles, quand ce n'était pas de guerre.

Plusieurs fois sujettes à une reprise des attaques que les corsaires justifiaient par le refus du roi de libérer tous les turcs des galères, des croisières de France durent revenir de Toulon menacer Alger.

Une première fois en 1670, quand une petite escadre de Martel, chargée d'abord d'aller punir Tunis, était venue fin janvier mouiller en rade d'Alger, et conduire le *diwan* à signer le 11 février 1670 sans combat un nouvel accord, en fait la répétition au mot près de celui de 1666. Il ne s'agissait peut-être pas de la victoire aussi éclatante dont beaucoup, à l'instar du suiveur de Mézeray, se félicitaient :

> « Les deux Expeditions du Duc de Beaufort contre les Corsaires d'Alger n'avoient pas si bien répbroncherbrurs Pirateries, qu'ils n'eussent été en état de les recommencer de nouveau. Mais sur le bruit de grands préparatifs qu'on faisoit contr'eux cette année, ils envoyerent des Députés au Roi, qui conclurent avec lui un Traité de Paix, au mois de Fevrier. Par ce Traité ils s'obligerent à mettre tous les Esclaves François en liberté, & de restituer à la Nation quelques Vaisseaux qu'ils avoient pris sur elle[52]. »

De nouveau et comme par habitude, on n'insistait à usage interne que sur la restitution des prisonniers français d'Alger sans parler des turcs de la chiourme marseillaise qu'on rechignait à rendre, ce qui créait le principal point d'achoppement des discussions avec le *diwan*, empêchant la concrétisation de tous les termes du traité de paix et de commerce avec la régence. Rien n'était donc réglé pour autant, mais les négociants marseillais, qui s'étaient vus la même année confirmer par le roi l'exclusivité du commerce français avec le Levant (exclusivité qu'ils avaient déjà dans les faits), se satisfaisaient quand même de cette démonstration explicite de la force de la France.

---

[52] *Abrégé chronologique de l'Histoire de France, op. cit.*, tome quatrième, p. 350.

Une seconde fois en août 1673, lorsque le commandeur d'Almeras était envoyé croiser devant Alger à la tête de huit bâtiments afin d'obtenir la libération des esclaves pris sur des navires français. On lui avait répondu que ce serait le cas lorsque le roi de France aurait libéré tous les turcs des galères, et l'escadre s'en était revenue comme elle était partie. L'affaire s'était même compliquée, après la fuite du consul Dubourdieu et de quelque 46 esclaves français qui avait fait capoter les discussions. Après un court *interim* du père Le Vacher, un nouvel ambassadeur avait dû être envoyé sur place, en la personne du chevalier d'Arvieu. Celui qui avait été envoyé à Alger régler le différend entre Arnoult et Lafont au Bastion-de-France, était également - et peut-être même surtout - chargé par Colbert de préserver la paix pour éviter, en pleine guerre de Hollande, d'exposer les navires français aux corsaires algériens. Pour faire simple, d'Arvieu n'avait pas mieux réussi que les précédents et avait été rappelé quelques mois plus tard.

Une troisième fois en mai 1679, où ce fut cette fois-ci le tour de Tourville de revenir à Alger menacer le *dey* d'un bombardement qui faillit être imminent. Cette fois-ci, on ne signa rien de tel, mais on pensa avoir exercé suffisamment de pression pour qu'à l'avenir, les attaques de corsaires d'Alger cessent. Même si, pour tout dire, chacun des belligérants savait que rien n'était moins sûr.

Galiote à bombes
gravure de Claude Randon, d'après une peinture
de Henri Sbonski de Passebon, *in* : *Plan de Plusieurs Bastimens
de Mer avec leurs Proportions*,
à Marseille, chez Laurent Brémond, 1690.

Chapitre 5

Bombarder la ville

L'équilibre établi en mai 1666 entre Français et Barbaresques, longtemps discuté sans qu'aucun des protagonistes ne fût en position de force manifeste, était trop précaire pour durer. Au moindre soupçon de rupture, ce devait être la guerre, laquelle fut déclarée en 1681 et dura au moins jusqu'en 1689.

Cela faisait quelque temps déjà que des militaires et diplomates allaient répétant que les menaces ne suffisaient point à faire respecter les traités et que la force s'imposait comme seule solution pour faire rendre raison aux corsaires barbaresques et à leur régence qui en vivait et qui donc les défendait.

Peut-être que le commerce marseillais rapportait assez pour s'accommoder du rachat d'esclaves dont la prise était manifestement illégale. Mais l'honneur du roi admettait difficilement que des traités signés en son auguste nom puissent être ainsi bradés sans autre considération. Les plus martiaux, tel le chevalier d'Arvieux, appelaient clairement à la guerre.

> « Il n'y a que la puissance du Roi qui puisse fixer ces Peuples, & les contraindre à devenir un peu moins déraisonnables ; mais pour cela il ne faut pas se contenter de leur montrer les verges, en faisant promener sur leurs côtes des Escadres en état de les châtier, il faut les châtier réellement, leur enlever leurs Bâtimens, à mesure qu'ils sortent ou qu'ils rentrent, & se passer plûtôt du commerce peu considérable que l'ont fait chez eux, que de souffrir davantage leurs pirateries[53]. »

A force d'enfler de surenchères des deux parties, la guerre allait bien avoir lieu.

---

[53] *Mémoires du chevalier d'Arvieux, envoyé extraordinaire du Roy*, par le R.P. Jean-Baptiste Labat, à Paris, chez Charles-Jean-Baptiste Delespine, 1735, tome cinquième, p. 187.

Le bombardement de 1682

L'accord signé le 17 mai 1666 l'avait sans doute été sans grand enthousiasme des deux côtés, chacun sachant bien que l'autre se dépêcherait d'utiliser tous les moyens pour le rompre. De chaque bord, des espions étaient dans cet esprit envoyés voir en face ce qu'il en était vraiment.

A l'époque, on s'était seulement entendu sur le principe d'échanger les prisonniers, mais on n'avait nullement précisé comment les captifs ainsi libérés seraient identifiés, ni comment ils seraient remis. De quoi donc alimenter toutes les polémiques de la part de signataires qui rechignaient à appliquer le traité. Les escadres françaises de Martel en juin 1668 et en janvier 1670, puis celle de d'Almeras en août 1673, avaient été envoyées devant Alger juste pour faire peur. Sans aucun effet. Compensation trouvée pour faire patienter les négociants marseillais qui n'arrêtaient pas de se plaindre des conditions de leur commerce, un édit de mars 1669 rétablissait la franchise du port de la ville phocéenne. Sans grand effet non plus.

En 1679, Louis XIV, prétextant la mauvaise volonté mise par le *dey* à rendre ses esclaves (alors que lui-même ne se poussait pas vraiment pour libérer les turcs des galères royales), avait envoyé Tourville devant Alger. Le père Le Vacher, qui faisait fonction de consul depuis 1676, avait servi de médiateur. Il avait facilement ramené chacun des deux protagonistes à la raison, et Tourville avait repris la mer le 13 mai 1679. Quand même, seuls les optimistes pouvaient penser qu'on en resterait là. Car à vrai dire, on n'avait rien réglé.

Dès le mois d'octobre 1680, on assistait de la part des Barbaresques à une reprise de la course contre les Français, qui se soldait par la prise de plusieurs navires marchands marseillais et de leurs équipages. La flotte de la régence, alors à son meilleur niveau (*cf*. Tab. 13), était forte de 19 vaisseaux et 2 galères de 22 bancs. Même dispersée en plusieurs escadres, elle faisait jeu égal avec les Français.

Tab. 13 - Etat de la flotte de la régence d'Alger en 1680

Vaisseaux	canons	équipage
la *Rose*	36	400
le *Cheval d'Or*	34	380
le *Cheval Blancq*	32	380
le *Genevois*	32	380
le *Petit-Canari*	32	380
le *Boustangi*	30	320
le *Biscayen*	24	300
le *Lion Rouge*	26	300
le *Petit-Rose*	28	300
la *Perle*	34	340
les *Deux-Guenons*	34	340
le *Dantziker*	30	320
l'*Aigle*	14	180
les *Sept-Etoiles*	30	320
la *Ville d'Alger*	30	300
le *Lion d'Or*	34	400
la *Caravelle*	22	260
le *Fresson*	28	300
le *Vaisseau-Neuf*	32	400

En mai de l'année suivante, une nouvelle escadre de croisière était montée à Toulon, sous les ordres de Duquesne. On l'avait chargée, sinon de faire la police dans l'ensemble de la Méditerranée comme on le disait, du moins de se montrer là où il était important que les navires marchands français ne soient pas attaqués. Une gageure, si l'on pense à l'immensité du domaine qu'elle était quand même censée contrôler.

Pourchassant deux galiotes de Tripoli qui fuyaient en direction des échelles du Levant, Duquesne les avait retrouvées hébergées dans le port grec de l'île de Chio, et se mettait aussitôt à les bombarder, ainsi que - plus malencontreusement sans doute - la ville dont elles étaient les hôtes, laquelle se retrouvait touchée par les boulets français. Le pacha libyen cédait bientôt à la force, signait l'accord de paix du 27 novembre 1681 envisageant la libération des esclaves chrétiens détenus à Tripoli.

Mais c'était sans compter avec le grand vizir ottoman qui s'en inquiétait, et demandait pour sa part réparation des dégâts commis dans un territoire placé sous son contrôle direct. Invoquant - une fois n'est pas coutume - le régime des capitulations, Constantinople considérait l'initiative française comme contraire au droit international. Colbert s'en tirait avec des excuses embarrassées expliquant que la décision de bombarder Chio avait été prise sans l'accord du roi. Quant au consul de France et aux marchands marseillais vengés, ils l'étaient à leurs frais puisqu'ils étaient taxés de verser les 80 000 couronnes exigées par la Porte. Cela n'empêchait pourtant nullement les Français, Duquesne en tête, mais aussi Colbert et tous ceux qui autour d'eux étaient prêts à vanter les mérites de la flotte de Louis, de s'enorgueillir de ce qu'ils appelaient une « victoire », dans cette guerre aux pirates qui ne disait pas son nom.

En février 1681, une mission diplomatique, forte du commissaire de la marine Hayet et d'un député du commerce de Marseille, de Virelle, échouait à mettre tout le monde d'accord, puisque la France répétait son refus de rendre les prisonniers turcs réclamés par Alger. Emaillé d'épisodes du même type qu'on ne cherchait pas toujours à déclarer, le temps n'était certes pas à la franche entente que l'accord de 1666 entre le roi de France et le *dey* d'Alger laissait supposer. Ces tergiversations entretenaient un climat de doute poussant le prix des turcs à la hausse sur les marchés européens d'esclaves. L'idée, un moment en l'air, de faire payer par la chambre de commerce de Marseille le rachat de galériens à mettre à la place des turcs rendus à Alger, avait fait long feu, devant le refus appuyé des grands négociants. Des soupçons lourds pesaient sur les marchands juifs de Marseille qu'on suspectait d'informer l'ennemi des mouvements des navires français.

Lorsqu'en septembre 1681, le *diwan* d'Alger fut informé de ce que l'arsenal de Toulon déclarait à qui voulait l'entendre qu'il conserverait les captifs barbaresques à l'armement d'une galère de la flotte du Levant, ce fut la décision de trop. Peut-être que pressée de voir ses prisonniers libérés des geôles barbaresques, la France n'avait porté qu'une attention minime au devoir réciproque qu'elle avait de remettre en liberté les captifs détenus dans sa chiourme. Peut-être aussi que l'armement des galères royales aurait eu du mal à se passer des rameurs barbaresques, que les Huguenots condamnés ne pouvaient complètement remplacer, puisqu'on sait que la commanderie de Marseille cherchait partout à en acheter. Peut-être même qu'on se fût dit qu'on ne rendrait aucun prisonnier avant que les autres ne l'aient fait. A moins que les réticences fussent grandes à reconnaître un accord qui ne s'avérait pas tout à fait ressemblant à celui qu'on avait souhaité et présenté. Pour le dire franchement, on peinait à reconnaître à Saint-Germain en Laye qu'on s'était fait tout simplement rouler. On faisait en tout cas comme si les autres n'avaient pas compris ce qu'ils avaient signé. Qu'il fût réellement embarrassé ou qu'il feignît l'indifférence, le ministère ne daignait même pas répondre à la demande d'explication formulée par Alger.

Cette rupture manifeste du traité par la France faisait surenchère, entraînant une reprise du conflit avec la régence. En séance du 18 octobre 1681, le *diwan* unanime déclarait la guerre à Louis XIV, décision dont le consul Le Vacher n'était informé que le 23.

Aussitôt, les attaques corsaires contre les bateaux marseillais reprenaient à un rythme inquiétant, en même temps que se construisaient à Alger de nouveaux bâtiments militaires. Dans le courant de l'année 1682, le remplacement, plus pacifique qu'à l'ordinaire, du *dey* Hadj Mohammed Et-Triki par Hassan Chaouch, viendrait confirmer l'organisation en ordre de bataille d'une flotte de la régence désormais forte de 12 navires de guerre. On raconte que le nouveau *dey* d'Alger s'était empressé de convoquer le consul de France pour lui montrer ses forces navales, lui expliquant de la façon la plus officielle qui soit qu'elles allaient bientôt détruire celles de son pays.

Cette fois-ci, c'était peut-être du sérieux.

Les dégâts causés aux bateaux commerciaux français, désormais systématiquement ciblés, s'avéraient vite considérables : en guère plus d'un mois, 29 navires marchands étaient déjà pris. En mai 1680 puis en avril 1682, la régence avait signé la paix avec les Provinces-Unies puis avec l'Angleterre, au grand bénéfice des commerçants de ces deux pays. L'ambiance était délétère à Marseille, où les commerçants soupçonnaient leurs concurrents juifs d'informer les *raïs* algérois des mouvements de bateaux. Il y avait même des morts, et dit-on près de 300 prisonniers, qu'on imaginait déjà esclaves des Barbaresques, mais les pertes commerciales primaient sans doute pour les marchands marseillais et le ministère, lorsqu'on entend Colbert reconnaître qu'

> « il n'y a que le commerce qui me fasse peine en cela[54]. »

Pire, un vaisseau de guerre du roi était saisi par le *raïs* Ali, capitaine général de la flotte d'Alger. Son commandant, le capitaine de vaisseau de Beaujeu, était même gardé prisonnier à Alger et revendu à l'encan. Plus que d'une prise stratégique, il s'agissait en l'espèce d'une insulte au roi.

> « Il n'y a point de Nation, quelque belliqueuse qu'elle soit, qui puisse estre à couvert de l'insulte, lors que l'on tient un semblable procédé contre elle[55] »

nous dit le *Mercure galant*, qui s'insurge contre le fait que la régence n'ait pas laissé passer quelques jours avant d'attaquer, et qui explique à sa façon le fait qu'elle ait signé aussi vite avec les Hollandais d'abord, puis avec les Anglais.

> « Les Algeriens ne doutant pas que la France ne se vangeast d'un procédé aussi irrégulier & aussi lâche que le leur, firent la Paix avec toutes les Puissances contre lesquelles ils avoient Guerre, afin d'estre plus en état de soûtenir les armes du Roy[56]. »

Il y avait alors à Alger cinq capitaines français captifs des Barbaresques, que le *dey* faisait écrire à leur roi pour demander leur rachat. En juin 1682, le fils aîné et remplaçant de Colbert à la Marine, Seignelay, que son père avait formé à lui succéder, était sommé d'intervenir.

C'est tout naturellement Abraham Duquesne, vainqueur de la flotte corsaire tripolitaine qu'il venait de bloquer et détruire à Chio, qui fut choisi pour commander l'attaque d'Alger. A sa proposition de venir couler les bateaux présents dans le port et de tenter un débarquement armé, on devait quand même préférer - après mûre réflexion et plusieurs réunions - une autre tactique, celle consistant à pilonner la ville pour en détruire le plus possible de maisons. Pour Louis XIV, il

---

[54] Lettre de Colbert à M. de Vauvré, du 9 novembre 1681 ; transcrit dans : La Roncière (Charles de), *Le bombardement d'Alger en 1683, d'après une relation inédite*. Paris, Imprimerie nationale, 1916, p. 3.
[55] Relation de tout ce qui s'est passé touchant la guerre d'Alger, depuis que les Algériens ont rompu la paix, *Mercure galant*, octobre 1682, 1ère partie, p. 300.
[56] *Ibid.*, p. 306.

ne s'agissait pas d'engager sa flotte méditerranéenne dans une conquête illusoire, de recommencer le rêve devenu cauchemar de Gigeri, mais plus simplement de punir le plus sévèrement possible les corsaires d'Alger. Leur montrer à la face du monde qui était le plus fort.

Donnés le 24 juin 1682, les ordres du roi étaient d'incendier et de détruire la ville. Et sans réplique ni délai, comme l'indiquaient fermement et avec insistance les courriers envoyés par le ministre à Duquesne, et aussi à Tourville qui devait le précéder sur place.

Pour le conseil de marine, il s'agissait ce faisant de tester une nouvelle invention navale, la « galiote à bombe », sorte de barge légère à deux mâts, équipée de deux mortiers placés sur des plateformes mobiles, et capables de tirer des bombes plus lourdes et d'une portée plus longue que les canons habituels dont étaient munies les chaloupes de tir. Cette nouvelle arme, véritable révolution technique, venait d'être testée à Dunkerque et au Havre. Seignelay, qui avait assisté aux premiers tirs, en disait le plus grand bien. On en escomptait un effet terrifiant sur les assiégés.

Au moment même où les troupes ottomanes mettaient le siège devant Vienne, la capitale des Habsbourg, la France décidait d'aller à Alger avec des bombes pour en revenir avec des traités.

La flotte de Duquesne partait dans l'euphorie, sûre qu'elle était de mater enfin les barbares.

> « Le mauvais succès de l'Entreprise de Charles-Quint avec une Armée si formidable, devoit empécher qu'on eust jamais la pensée d'aller devant Alger dans le dessein de ruïner cette Place ; mais comme le Roy n'entreprend rien dont il ne soit seur de venir à bout, parce qu'il a mérité la faveur du Ciel, & qu'il prend toûjours de justes mesures, tous les François, outre leur valeur naturelle qui les porte avec ardeur aux plus grands périls, estant assurez de vaincre, lors que le Roy leur commande d'attaquer, vôlent si-tost qu'ils ont receu ordre de partir, & ne reviennent jamais que victorieux, eussent-ils un monde d'Ennemis, ou des Elémens à combattre[57]. »

A les en croire, c'était déjà fait, Alger était détruite.

---

[57] *Ibid.*, pp. 288-289.

Tab. 14 - L'escadre de l'expédition d'Alger de 1682

navires	canons	tonnage	équipage	nom du capitaine
11 Vaisseaux				
le *Saint-Esprit*	76	1 400	450	Duquesne-Guitton (Abraham Duquesne lieutenant général)
le *Vigilant*	54	900	300	comte de Tourville (lieutenant général)
le *Vaillant*	54	900	300	de Beaulieu
le *Prudent*	58	900	350	chevalier de Lhéry
l'*Aimable*	56	950	350	chevalier de Septêmes
le *Laurier*	40	500	200	Duquesne-fils
l'*Indien*	44	600	200	de Bellefontaine
l'*Eole*	44	600	200	chevalier d'Amfreville
le *Cheval Marin*	46	750	250	de Belle-Isle-Erard
l'*Assuré*	60	1 000	350	de Cogolin
l'*Etoile*	38	400	200	Job Forant
5 Galiotes à bombes				
la *Menaçante*				de Goëtton
la *Cruelle*				de Pointis
la *Bombarde*				chevalier de Combes
la *Foudroyante*				de Boislié
la *Brûlante*				de Beaussier

Ce fut de Toulon que l'escadre punitive appareilla le 12 juillet, forte de 11 vaisseaux de guerre et des cinq galiotes à bombes alors disponibles (*cf.* Tab. 14). Tout compté, cela faisait quand même près de 9 000 tonneaux, pour plus de 550 canons et au moins 3 000 hommes d'équipage. Après avoir fait escale le 18 aux îles Baléares où elle avait rejoint les 15 galères du chevalier de Noailles, elle filait sur Alger devant laquelle elle se trouvait le 23 juillet. En y comptant les deux brûlots et quelques petits bâtiments porteurs des vivres et munitions, il y avait-là une quarantaine de voiles.

La ville blanche, qui forme un grand triangle étagé au-dessus de la mer, est bien protégée des incursions étrangères par un double dispositif. D'abord, d'une petite île reliée à la côte par un môle puissamment équipé d'une artillerie tirant à fleur d'eau, part une chaîne fermant le port face à un front de mer armé de plus de 150 canons. Ensuite, une série de fortins et de tours voisines, en tout une soixantaine de bouches à feu, couvre de tous côtés une attaque qui se rapprocherait trop du port. A y regarder de loin comme de près, le port d'Alger paraît invincible.

Sauf bien sûr à qui disposerait d'un armement supérieur que l'autre n'aurait pas, d'une plus longue portée de tir, permettant aux navires d'attaque de rester à distance des canons du môle. C'est en tous cas ce sur quoi l'on compte du côté français, où l'on se repose donc totalement sur les galiotes à bombes.

L'escadre va pourtant réaliser assez vite combien détruire Alger est plus facile à dire qu'à faire, plusieurs circonstances se mettant de la partie pour faire échouer l'expédition punitive.

D'abord, Duquesne a perdu du temps en arrivant face à Serselle (l'actuelle Cherchell), quand il a cru bien faire d'arroser la petite ville devant laquelle croisait un corsaire accompagné d'une barque suspecte ;

> « un vaisseau Corsaire d'Alger, estoit arrivé à Sarselle, avec vne barque. Le sieur du Quesne résolut d'aller brûler ces deux bâtiments... On canona les deux vaisseaux & la place, jusqu'au coucher du Soleil ; & on tira cinq à six mille coups de canon... Il y eut douze ou quinze hommes tuez ou blessez en cette occasion[58]. »

Peut-être la démonstration de force pouvait-elle avoir du panache, forte qu'elle était de trois vaisseaux et huit galères, portant les plus brillants officiers, de Duquesne lui-même à Lhéry en passant entre autres par d'Amfréville et Noailles. Sans doute a-t-on bien brûlé les deux embarcations (le contraire eut été surprenant), mais on s'est quand même inutilement exposé aux nombreux tirs de canons des autres, et l'on s'est finalement débrouillé pour arriver devant Alger avec trois jours de retard sur le programme prévu. Trois jours de beau temps, qu'on aurait pu mettre à profit pour commencer l'attaque, trois jours aussi qui ont permis au *dey* d'organiser les défenses de la ville, désormais bien préparée à recevoir l'ennemi.

---

[58] De la Rade d'Alger, le 27 juillet 1682, *Gazette* n° 78, s.d. (1682), p. 509.

Ensuite, une fois sur place, les fameuses galiotes à bombes ne se découvrent pas aussi efficaces qu'on l'avait espéré. D'abord, leur tir n'est pas aussi long qu'il était dit, en raison peut-être de l'inadaptation des projectiles lancés, mais aussi semble-t-il d'erreurs de calcul... Ensuite, il est très sensible au ballottement des flots, qui empêche pratiquement de s'en servir dès que la houle se lève. Beaucoup des tirs sont trop courts pour gêner l'ennemi, certains mêmes risqués pour le tireur. Peu d'entre eux arrivent à toucher la ville.

Enfin, Duquesne est trop imbu de l'autorité qui lui a été conférée pour qu'il écoute ses commandants, Lhéry, Tourville et Belle Isle-Erard, lesquels lui proposent de se limiter au pilonnage de la partie la plus occidentale d'Alger, qui leur apparaît moins bien défendue. Lui, le chef d'escadre, veut une attaque en règle, pour tout détruire.

> « Ainsi, on estoit obligé pour canoner Alger de s'exposer au feu de plus de cent soixante piéces de canon, dont quatre vingt estoient depuis vingt quatre jusqu'à soixante six livres de bale. Toutes les milices d'Alger estoient dans la ville, & tous les bâtimens de ces Corsaires, à la réserve d'vne galére, avoient quitté la mer aussitost que les vaisseaux du Roy y avoient paru, & estoient rentrez dans le port, où ils avoient desarmé & tendu la chaisne[59]. »

Le 5 août, le dispositif est en place.

Sur trois lignes en arc de cercle, les galiotes par devant et derrière elles les vaisseaux remorquant les galères, font face à la ville blanche. Mais elles ne peuvent tirer, car déjà la météo s'en mêle et empêche de tenir l'ordre de bataille choisi. On perd du temps, en attendant que le vent baisse. Et on en perd même beaucoup, de sorte qu'à la mi-août, les galères, à court de vivres, doivent rentrer.

Une fois les ancres des galiotes hâlées par les chaloupes en profitant d'une nuit calme, les tirs ne commencent en fait que le 20 août, encore que dans tous les sens et sans efficacité. Aucune des bombes tirées n'ayant atteint la ville (tout juste le môle, et encore), l'ordre de cesser le feu doit être bientôt donné.

> « Lors que toutes choses furent en estat, & que les galiotes eurent mis costé à travers sans aucun obstacle de la part des Algériens, on

---

[59] *Relation de ce qvi s'est fait devant Alger par l'Armée navale du Roy, commandée par le Sieur du Quesne, Lieutenant General des armées navales de France*, Gazette, n° 98, s.d. (1682), p. 669.

> tira quelques bombes pour essayer la portée des mortiers : mais on reconnut par expérience que la distance estoit trop grande, peu de bombes estant allées jusqu'à la ville : & ainsi chacun revint la mesme nüit moüiller à son premier poste[60]. »

Le 30, le calme des eaux étant revenu, le bombardement peut reprendre. On tire de nuit plus d'une centaine de bombes en moins de quatre heures, profitant d'un calme relatif qui a permis d'approcher du môle les galiotes sous portée des canons d'Alger, les vaisseaux leur étant placés directement en remorque. Cette fois-ci, on réussit à toucher la partie la plus basse de la ville, et à faire quelques dégâts entraînant un début de panique chez l'habitant. Dans le désordre, des captifs s'évadent, certains rejoignant à la nage les attaquants. Dans la nuit du 3 au 4 septembre, une galère que le *dey* a fait foncer sur les galiotes est détruite, au terme d'un combat qui se solde par une quinzaine de morts côté français, peut-être une trentaine côté barbaresque. Les tirs se durcissent encore, et laissent un moment penser aux Français que la bataille touche à sa fin. Mais les artilleurs, sous les ordres de Camelin, qui n'est pas un marin, n'ont toujours pas trouvé le moyen de mieux ajuster les tirs. Les galiotes, ancrées trop loin pour porter et trop près les unes des autres, en arrivent à se gêner pour rien.

Le 4, le père Le Vacher, le lazariste qui sert à Alger de consul de France, est envoyé par le *diwan* de la ville négocier une trêve que Duquesne refuse, expliquant qu'il ne peut discuter qu'avec l'ennemi en personne, et qu'il n'est de toute façon pas venu traiter avec les Barbaresques, mais seulement les châtier.

> « Le Sieur du Quesne luy répondit qu'il n'estoit pas venu pour négocier la Paix, mais seulement pour châtier ces Corsaires de l'insolence qu'ils avoient eüe de déclarer la guerre à la France : que s'ils avoient quelque chose à luy proposer, ils devoient venir eux mesmes à son Bord : & qu'il ne cesseroit point de jetter des bombes, & de leur faire la guerre jusqu'à ce qu'il les eût mis à la raison[61]. »

A l'entendre, il n'est venu que pour tirer des bombes, et n'a que faire de discuter quoi que ce soit.

---

[60] *Ibid.*, pp. 671-672.
[61] *Ibid.*, p. 677.

Ça tire justement beaucoup et de tous côtés, mais le moins qu'on puisse dire est que le combat reste incertain. Au final, deux galères barbaresques et une galiote française, la *Brûlante*, ont fait les frais de ces derniers bombardements. La trajectoire des bombes, bousculée par la houle, cause des dégradations aléatoires, peut-être impressionnantes mais sans conséquences stratégiques. La *casbah* du *dey*, au sommet de la ville, est en tout cas trop éloignée pour risquer d'être touchée, même par les bombes. Sur les vaisseaux qui ont cessé depuis plusieurs jours d'être approvisionnés, les matelots manquent d'eau. Et pour couronner le tout, le temps ne se met définitivement pas au beau, jusqu'à rendre difficile l'arrivée de renforts. Sur les 4 200 bombes embarquées, les galiotes n'en ont tiré que 308 en neuf heures des quatre nuits, sans ordre et toutes sur le travers, offrant ainsi une cible facile aux tirs ennemis.

Finalement, Duquesne renonce, et décide de rentrer à Toulon.

> « Le 11 de Septembre, on célébra sur la flotte, la Naissance de Monseigneur le Duc de Bourgogne, par des décharges générales de canon & de la mousqueterie de tous les vaisseaux, avec quantité de fusées, de feux d'artifice & d'autres réjouissances. Le 12, le Sieur du Quesne voyant la Saison trop avancée, & ne voulant pas exposer les galiotes aux coups de vent fort fréquens & tres dangereux devant l'hyver dans cette mer, les fit partir[62]. »

Les galiotes quittent la rade, laissant sur place les quatre vaisseaux du chef d'escadre de Lhéry continuer, ou du moins faire semblant d'assurer, une sorte de blocus d'Alger. Le siège d'Alger a duré plus de 50 jours. Pour rien, puisque le *dey* ne s'est nullement engagé à faire cesser la course, qu'aucun accord ne lui a été imposé, et que le départ de Duquesne de la baie d'Alger ressemble plus à une retraite. Pour tout dire, un échec. On est loin du « succez extraordinaire » présenté par la *Gazette* à ses lecteurs…

La ville d'Alger, pilonnée sans retenue et dans tous les sens, a quand même subi des dégâts inhabituels. Près de 100 maisons ont été endommagées. Certaines sont plus ou moins complètement détruites, dont les débris obstruent les rues. Plus d'une centaine d'habitants, des civils, ont été tués (on a d'abord prétendu qu'il y en avait plus, avant

---

[62] De Paris, le 10 octobre 1682, *Gazette* n° 97, s.d. (1682), p. 666.

de revoir l'estimation à la baisse), et plus nombreux encore sont les blessés. Dans la partie basse de la ville, celle la plus proche du port et qui a été plus durement touchée par les bombes, la population gronde et, comme toujours dans ces cas-là, accuse le *dey* d'avoir laissé détruire la ville en refusant de négocier. On frise l'émeute.

Baba Hassan, lui, se gausse au contraire de n'avoir pas cédé devant les Français, et s'en sort comme il peut. La flotte française a certes renoncé devant une météo défavorable à un moment où il était prêt à demander la paix, mais au final c'est quand même la résistance de la ville qui a fait fuir l'ennemi. C'est en tous cas ce qu'il affirme pour se défendre des critiques qui fusent de toutes parts.

De son côté, Duquesne rentré au bercail a lui aussi tenté de présenter l'attaque comme un succès ; après tout, Louis XIV lui avait demandé de détruire Alger, et il a fait ce qu'il a pu pour ça. Et au dire des gazettes, ça marche à la cour.

> « Mr du Quesne apres avoir esté longtemps sur Mer, & s'estre signalé devant Chio, & devant Alger, a eu l'honneur de salüer le Roy à Versailles. Ce Monarque l'a reçeu d'un air qui marque combien il est content de ses services. Il luy dit *qu'il avoit fait une longue Campagne, mais qu'elle avoit été heureuse* ; & Mr du Quesne sortit tout charmé des manieres honestes du Roy. A quels périls ne s'exposeroit-on pas, quand on sert un si grand Prince[63]. »

En vérité, le roi et Seignelay ne sont pas aussi élogieux à l'égard de l'amiral huguenot. Car Duquesne n'a d'abord pas « détruit » la ville blanche comme on le lui demandait. Et surtout, il n'a pas imposé au *dey* un traité de non-agression des navires marchands français qui seul aurait traduit la mise au pas de la régence barbaresque. Malgré les gesticulations guerrières, on s'attend à ce que la course barbaresque aux navires marchands marseillais reprenne de plus belle.

Mais ailleurs qu'à Marseille, qui peut bien se soucier de ces escarmouches plutôt exotiques, quand le pays tout entier fête dans des réjouissances inégalées jusqu'alors, la naissance du duc de Bourgogne, le premier petit-fils de Louis XIV, occultant complètement cette « affaire d'Alger » ?

---

[63] *Mercure galant*, décembre 1682, p. 92.

Le bombardement de 1683

Dès le retour de Duquesne à Toulon, tout le monde savait que la flotte française retournerait à Alger. Ce fut en juin 1683, moins d'une année après le premier bombardement.

Conscients des difficultés de l'opération pour les avoir vécues, l'amiral et son adjoint Tourville, lequel devait une nouvelle fois le précéder sur place, avaient quand même cherché à en retarder le départ, sous le prétexte de mauvaises conditions météorologiques. Il avait alors fallu que le roi se fâche une nouvelle fois et leur rappelle qu'on ne discutait pas les ordres de Louis, pour qu'ils finissent par y aller. Mais enfin, ils y étaient allés.

Partie de Toulon le 6 mai 1683, l'escadre se formait comme l'année précédente aux Baléares, où elle attendait les galères du commandeur Desgouttes jusqu'au 18 juin avant de partir sans celles-ci qui n'étaient pas arrivées. La flotte d'attaque était plus importante que l'année précédente puisqu'elle comprenait cette fois plus de 120 bâtiments et embarcations (*cf.* Tab. 15). Les seuls vaisseaux totalisaient plus de 13 000 tonneaux et 850 canons, pour quelque 5 500 marins (*cf.* Tab. 16). A Alger, la surprise jouait encore moins que lors de l'attaque de l'année précédente.

Tab. 15 - Les escadres de Duquesne de 1682 et 1683

1682	1683
11 vaisseaux de ligne	17 vaisseaux de ligne
	3 frégates
15 galères	16 galères
5 galiotes à bombes	7 galiotes à bombes
2 brûlots	2 brûlots
10 chaloupes	48 chaloupes
	2 navires-hôpitaux
	18 flûtes
	8 tartanes

Tout ce beau monde se retrouvait devant Alger le 20 juin.

Dès le 23, les galiotes étaient placées suivant le même demi-cercle que l'année précédente mais en position de tir frontal, avant que le mauvais temps ne fît arrêter les opérations. Le vent ayant cessé, elles étaient bientôt replacées, et commençaient à bombarder la ville dans la nuit du 26 au 27 du même mois. Encadrant la ville, les bombardes étaient déployées en arc de cercle sur un peu plus de 800 toises (1 600 mètres), les vaisseaux étant eux-mêmes mouillés à 600 toises (1 200 m.) en arrière des galiotes.

Tab. 16 - Les vaisseaux engagés dans l'expédition de 1683

vaisseau	canons	tonnage	équipage	commandant
le *Saint-Esprit*	76	1 400	450	Abraham Duquesne
le *Ferme*	60	1 050	300	de Tourville
le *Vigilant*	54	900	300	d'Amfréville
le *Prudent*	58	900	350	de Lhéry
l'*Aimable*	56	900	350	de Septèmes
l'*Excellent*	50	800	300	de Villette
le *Fleuron*	48	900	300	Victor-Marie d'Estrées
le *Cheval Marin*	46	750	250	de Belle Isle-Erard
le *Bizarre*	42	400	150	du Mené
la Sirène	46	750	250	de Sébeville
le *Laurier*	40	500	200	Henri Duquesne
l'*Etoile*	38	400	200	des Gouttes
le *Hasardeux*	44	400	200	Colbert de Saint-Marc
le *Capable*	48	750	250	Chaumont
le *Sage*	52	900	300	Job Forant
le *Fidèle*	48	750	250	Bidault
le *Vaillant*				Gravier

Cette fois-ci, contrairement à ce qui s'était passé l'année précédente, tout se déroulait comme prévu. Les projectiles dont les galiotes avaient été équipées étaient désormais mieux adaptés. Par un beau temps omniprésent, les tirs, orientés vers l'avant, ce qui allait permettre de le faire de plein jour, s'avéraient d'emblée plus précis, et promettaient d'être plus destructeurs.

> « Enfin quand on auroit mis les Bombes avec les mains, elles n'eussent pas mieux réüssy pour incommoder les Ennemis[64] »

nous dit *le Mercure galant*. Entre deux passages orageux, plus de 300 bombes s'abattaient sur la ville (les chiffres officiels sont de 98 le 26, et de 127 dans la nuit du 27 au 28), faisant - pense-t-on - près de 300 victimes. Les tirs avaient d'abord eu lieu la nuit, en évitant de se montrer pour ne pas faire cible, mais d'autres s'étaient faits de jour, les 27 et 28 juin. La ville basse, près du port, du côté de Babalouët (Bab-el-Oued), était une nouvelle fois ruinée. Trois vaisseaux de guerre de la régence, ainsi qu'une galère alors en construction, avaient été coulés, quand les Français n'avaient perdu qu'un brûlot.

Poussé par ceux des habitants qui venaient à peine de déblayer les gravats et de remonter une partie de ce qui avait été détruit un an plus tôt, confronté par ailleurs à une grogne des janissaires qui refusaient de se battre, Baba Hassan entrait rapidement en négociation avec Duquesne. La solution que le chef de la milice le pressait de prendre était de faire la paix immédiate.

> « Le Divan s'estant assemblé le 28. de grand matin, pour résoudre ce qu'il y avoit à faire, le Bassa parla en termes tres-forts, & dit qu'il estoit d'une necessité absoluë qu'ils fissent la Paix avec les François[65]. »

Duquesne se faisait prier, il exigeait en préalable à toute discussion une forte indemnité d'un million-et-demi censée compenser les prises et les dégradations faites à la flotte française, en même temps que la libération de tous les captifs pris sur des navires battant pavillon français et détenus à Alger. De peur peut-être qu'on ne l'ait pas compris, l'amiral mettait par écrit ses exigences, affirmant

> « qu'il n'entendra à aucunes propositions de paix, que premiérement lesdites Püissances n'aient mis en liberté & renvoyé francs & quittes à bord des Vaisseaux de l'Armée, généralement tous les François, & autres Sujets de Sa Majesté, & mesmes tous autres de quelque nation

---

[64] Attaque de la Ville d'Alger, par l'Armée Navale du Roy, *Mercure galant*, juillet 1683, p. 314.
[65] *Ibid.*, pp. 325-326.

qu'ils soient, qui ont esté pris sur des Vaisseaux de France, sans en excepter pas un[66]. »

Et il leur donnait même un jour de délai pour ce faire. Baba Hassen s'exécutait rapidement, remettant pas moins de 141 captifs dès le lendemain, plus de 400 encore les cinq jours suivants.

Alors même qu'il restituait donc près de 550 de ces prisonniers (dont Beaujeu) en signe de bonne foi, le *dey* envoyait sur le navire amiral des otages, dont le converti Mezzomorto, le chef de la *taïffa* des *raïs*, dont il se méfiait de l'influence et saisissait là peut-être une occasion de se débarrasser. Aux dires d'esclaves ayant profité du désordre pour s'évader et rejoindre l'escadre française, la remise des captifs ne s'était pas faite sans susciter la colère de leurs maîtres.

> « On a sçeu par eux, qu'il avoit pensé arriver un soulevement dans Alger sur cette restitution, les Proprietaires disant qu'on leur faisoit rendre leurs Esclaves, qu'ils avoient achetez fort cher, sans leur parler d'aucun dédommagement, & sans leur donner des assurances que les François ne jetteroient plus de Bombes ny de Grénades dans la Ville, si on ne leur accordoit pas tout ce qu'ils demanderoient[67]. »

Quant à Duquesne, qui se posait en vainqueur, il refusait obstinément de livrer les prisonniers pris par la France ; tout au plus acceptait-il d'en libérer un seul, en l'occurrence le *raïs* d'un corsaire capturé par Lhéry lors de l'escale des Baléares.

Le 14 juillet, alors même que les galères françaises rejoignaient enfin l'escadre, deux otages français, les sieurs de Layette et de Combes, étaient envoyés à la ville avec l'ordre de ne présenter les conditions de la reddition que devant le *diwan* au complet réuni. L'assemblée se réunissait donc le lendemain pour entendre, consternée, les propositions de Duquesne ; lequel ne demandait rien moins que la libération sans rançon aucune de tous les esclaves chrétiens, le remboursement de toutes les prises barbaresques depuis la déclaration de guerre, ainsi que la punition de ceux des *raïs* coupables d'atrocités. Il fallait au *diwan*, qui ne s'était pas attendu à

---

[66] Réponse écrite de Duquesne aux envoyés, du 28 juin 1683, *in* : Relation de ce qvi s'est passé à l'attaque de la ville d'Alger, par l'Armée navale du Roy, sous le commandement du Marquis du Quesne Lieutenant Général des Armées navales de Sa Majesté, *Gazette*, n° 22, n.d. (1683), p. 382.
[67] *Ibid.*, pp. 349-350.

une punition aussi forte, une nouvelle réunion le 16 juillet, avant qu'il déclarât ne pas pouvoir rembourser les prises et qu'il demandât, sous la pression de la *taïffa*, le rappel à la *casbah* de son chef Mezzamorto, apparemment reconnu seul juge de ce qu'il y aurait lieu de faire. Mais par ailleurs, la milice et le *dey* y allaient chacun de son avis, ce qui ne facilitait pas la prise d'une décision.

La discussion traînait ainsi en longueur, sans qu'on pût prédire de quel côté pencherait la balance. Sur la foi d'une promesse de Mezzomorto de conclure vite un traité de soumission - ou du moins quelque chose compris comme tel - Duquesne libérait comme demandé son otage, lequel aussitôt rendu en ville, rameutait les *raïs* contre le *dey* qu'il faisait exécuter, pour prendre aussitôt sa place et relancer les tirs de canons contre les Français de la rade. Les galiotes se remettaient à l'ouvrage, déversant une pluie de bombes sur la ville blanche : 240 bombes le 21 juillet contre 1 000 coups de canons d'Alger, 330 le 22 contre 1 200, 302 le 23. Foin d'une quelconque soumission, c'était de nouveau la guerre.

Ce dont l'état-major de la flotte française n'apprit que plus tard, c'est que la ville restait divisée sur ce qu'il y avait lieu de faire, entre deux clans, la milice prête à demander la paix, et la *taïffa*, qui voulait à tout prix en découdre. Un esclave évadé avait pourtant bien expliqué

> « que le grand Camp des Turcs ne vouloit point revenir dans Alger, & formoit un party contre Mézomorto, qu'il refusoit de reconnoistre ; qu'il y avoit deux Partis dans la Ville ; que celuy dont les Maisons avoient esté détruites, vouloit la guerre, & que l'autre vouloit la paix[68]. »

Le commissaire Hayet, resté en ville et chargé de suivre la négociation avec le *dey*, était de même renvoyé sur le navire amiral pour demander l'arrêt des bombardements, faute de quoi les Français d'Alger seraient tout à tour suppliciés.

Le 28 juillet, Duquesne n'ayant porté aucun crédit à cette menace à laquelle il ne répondit même pas, le consul Le Vacher, qui se transportait déjà en chaise roulante, fut mis à la bouche d'un canon, de même qu'une douzaine d'autres Français d'Alger qui subirent le même sort. Dans l'indifférence totale de l'état-major français, qui en

---

[68] Suite de la Relation d'Alger, *Mercure galant*, aoust 1683, pp. 339-340.

guise de représailles, se contenta de pendre les quelques prisonniers dont il disposait.

A en croire le journaliste du *Mercure*, Le Vacher, pourtant estimé des Turcs d'Alger, n'avait peut-être pas eu de chance.

> « Ses Domestiques ayant du Linge à faire secher, l'étendirent sur sa Maison qui estoit en Plateforme. Cela arriva malheureusement un peu avant que les François tirassent des Bombes de jour, pour la première fois dans la Ville. La Canaille qui remarqua ce Linge étendu, le crut un signal qui avoit averty Mr du Quesne, que ceux que la peur des Bombes chassoit la nuit de la Ville, y estoient rentrez[69]. »

C'est en tout cas ce qu'affirmaient les esclaves évadés de la ville, qui arrivaient les uns après les autres sur le navire amiral français. Peut-être bien d'ailleurs qu'ils y étaient envoyés à dessein, car s'agissant du supplice de Le Vacher, leurs dires tendaient plutôt à décharger le nouveau *dey* d'une responsabilité qui aurait pu empêcher la négociation d'une paix.

> « On n'auroit pas pris un si barbare dessein dans une délibération ; mais rien ne se faisoit plus dans les formes. Mézomorto estoit dans les premiers jours de son Regne, & ce nouveau Roy mal affermy, n'osoit s'opposer à l'emportement d'un Peuple, dont il estoit peut-estre bien aise de laisser satisfaire la fureur, afin que pendant ce temps, il ne songeast point à le troubler dans sa dignité nouvelle[70]. »

Une telle sauvagerie était pour l'instant de nature à durcir la position de l'état-major de l'escadre, Duquesne se faisant de plus en plus intransigeant sur les conditions de la reddition d'Alger. Choiseul de Beaupré, fait prisonnier pendant les combats et menacé par le *dey* d'être exécuté, était sauvé de justesse par un *raïs*, sûrement pas par les Français, puisqu'en apprenant ce que pourrait être son sort si Duquesne continuait à durcir le ton,

> « Mr le Chevalier de Lhéry tâcha de le consoler, par le plaisir qu'il devoit sentir d'avoir exposé sa vie pour le plus grand Roy du monde,

---

[69] Tout ce qui s'est passé devant Alger, depuis la seconde Relation qui en a esté donnée dans le Mercure, *Mercure galant*, Octobre 1683, Première partie, pp. 192-193.
[70] *Ibid.*, pp. 193-194.

> & par l'assurance qu'il luy donna que l'on vangeroit sa mort, si Mézomorto exécutoit sa menace[71]. »

Les combats reprenaient donc de plus belle, mais la supériorité française, accrue du renfort des 16 galères, laissait prévoir que Mezzomorto soit acculé à demander la paix, aux conditions prévues fixées par Duquesne augmentées cette fois-ci de l'envoi exigé par Louis d'une ambassade à Versailles demander pardon au roi. Dans la nuit du 7 au 8 août, en un peu plus de huit heures, près de 600 bombes s'abattaient sur la ville blanche.

Alger ne se rendant toujours pas sous les bombes, les tirs sur la ville reprenaient le 9 puis le 11 août, le temps s'étant mis au beau. Le même jour, une tentative de sortie de la flotte du *dey* était bloquée, la bataille se soldant par une centaine de morts du côté algérien, et une trentaine parmi les Français. Rebelotte le 17 août, où l'on tirait à nouveau sur la ville.

Des habitants d'Alger, qu'on pensait avoir coupé de Mezzomorto (dont on saurait plus tard qu'il était blessé à la jambe et qu'une tentative d'attentat avait failli le renverser), on s'imaginait

> « qu'ils estoient au désespoir de n'avoir point fait la Paix, qui ne se pouvoit plus faire présentement sans qu'on envoyast sa teste, & qu'ils voyoient bien que c'estoit par la crainte de la perdre qu'il s'y opposoit de tout son pouvoir ; que si le Roy de France vouloit envoyer vers eux tout autre que M du Quesne, ils accorderoient tout ce qu'il demanderoit, espérant qu'il auroit ordre de leur imposer des conditions moins rigoureuses, que celles qu'ils pouvoient attendre de ce Général[72]. »

Entre d'un côté Duquesne, qui s'entêtait à vouloir « négocier » en imposant ses seules conditions, maintenues tout aussi draconiennes, et de l'autre un *dey* contraint de ne pas se rendre et courbant le dos sous les bombes, on voyait mal comment tout cela pourrait bien finir.

Pendant tout ce temps, Louis, qui attribuait plus d'importance à la soumission du *dey* qu'à toute autre considération, s'impatientait de plus belle, qui reprochait à Duquesne de n'avoir pas tenu compte de ses ordres de faire vite, d'avoir perdu un temps précieux.

---

[71] *Ibid.*, p. 206.
[72] *Ibid.*, p. 234-235.

> « En cas que ceux de ladite ville veuillent envoyer ici des députés, je veux que vous les fassiez convenir que c'est pour venir demander pardon[73] »

avait-il écrit à Duquesne, à qui il demandait une nouvelle fois de se dépêcher de conclure. Mais l'amiral déclarait privilégier toujours les discussions avec le *dey*, qui traînaient en longueur, s'opposant en cela à ses lieutenants, et notamment à Tourville qui, lui, était pour la manière forte, et trouvait son supérieur suffisamment dépassé pour prendre même parfois l'initiative des combats et communiquer directement avec Colbert.

> « Si on ne plie pas avec luy & qu'on n'aye pas une soumission aveugle, on devient son cruel ennemy[74] »

se plaignait-il même au ministre.

Lhéry et Tourville étaient partisans de faire tirer par les flûtes de grosses bombes susceptibles de faire des dégâts plus importants encore. Ils pensaient qu'elles permettraient en particulier de rompre la chaîne barrant le port d'Alger, favorisant ainsi l'attaque des galères. Ces grosses bombes avaient bien été chargées sur l'escadre à cet effet, mais leur tir, qu'on n'avait pas testé, était jugé trop hasardeux par Duquesne qui préférait s'en servir comme d'une simple menace.

Pendant ce temps passé à se demander comment et pourquoi, Louis XIV s'impatientait toujours.

> « Vous avez passé inutilement un mois entier de la plus belle saison de l'année à négocier d'égal à égal avec ces corsaires »

écrivait-il à Duquesne dont il finissait par douter de l'efficacité,

> « & vous vous êtes mis peut-être hors d'état de pouvoir achever cette guerre pendant le cours de cette Campagne. Comme j'apprends que vous avez fait voir aux Turcs, venus sur mes vaisseaux, tous les préparatifs faits pour l'attaque de leur môle & de l'estacade qui ferme leur port, une telle conduite me fait craindre que vous

---

[73] Lettre de Louis XIV à Duquesne, du 25 juillet 1683 ; transcrit dans : Jal (Augusin), *Abraham Du Quesne et la marine de son temps*, Paris, Henri Plon Imprimeur-éditeur, 1873, tome II, p. 457.
[74] Lettre de Tourville à Colbert, du 29 août 1683 ; transcrit dans : La Roncière (Charles de), *Le bombardement d'Alger de 1683*. Paris, Imprimerie nationale, 1916, p. 18.

n'évitiez de la faire exécuter. Je vous ordonne de faire assembler les officiers généraux, avec les sieurs chevalier de Lhéry & de Bethonas, & de concerter avec eux les moyens de la faire réussir[75]. »

Finalement, les galères n'étaient pas revenues, et Duquesne quittait donc Alger le 17 août 1683, laissant une nouvelle fois la ville partiellement détruite, et bloquée en mer par six vaisseaux sous les ordres de Tourville chargés d'empêcher les Barbaresques de s'approvisionner en armes, mais surtout de les amener à conclure la paix. Le scénario de l'année précédente se renouvelait, presqu'à l'identique, sinon que cette fois-ci, Duquesne se trouvait vidé et remplacé par son adjoint.

Cette fois-ci, les dégâts causés à la ville basse étaient sans doute plus importants :

> « vne grande partie des maisons avoit encore estée abatüe, quantité de personnes tuées ou accablées sous les rüines, & la plupart des bâtimens qui se trouvoient dans le port, coulez à fond ou mis hors d'estat de servir. Les négocians qui estoient au bastion de France ont été embarquez au nombre de quatre-cens vingt six avec tous leurs effets, sur vn vaisseau & quelques galéres, commandez par le Chevalier de Breteuil. La ville est divisée par la faction de Mezzomorto & celle d'un Buluk-Bachi ou Capitaine, qui ont combatu déja plusieurs fois avec beaucoup de carnage de part & d'autre[76]. »

Les bombes des galiotes avaient porté, détruisant un plus grand nombre des maisons de la ville basse. La plupart des *raïs* avaient, sinon tout perdu, du moins vu leurs palais démolis. Les deux mosquées de la ville basse devaient être en partie reconstruites. Seules quelques demeures étaient encore debout, à l'instar du palais justement du *dey*, la *djenina*, peu touché par les bombes.

Par ailleurs, les croisières françaises n'avaient pas cessé pour autant, pas forcément plus efficaces qu'elles ne l'avaient été, mais assez pour rappeler les *raïs* au souvenir de la flotte française et remplir la chiourme dont on connaît les besoins en rameurs. Ainsi, en pleine

---

[75] Lettre de Louis XIV à Duquesne, du 10 août 1683 ; transcrit dans : Jal (Augustin), *Abraham Duquesne et la marine de son temps, op. cit.*, tome II, p. 459 ; repris dans : La Roncière (Charles de), *Le bombardement d'Alger de 1683, op. cit.*, p. 17.
[76] De Toulon, le 15 Aoust 1683, *Gazette* n° 37, du 28 Aoust 1683, pp. 478-479.

pompe funèbre de la reine-mère, la *Gazette*, par ailleurs pour une fois peu loquace sur la tournure de ce bombardement, expliquait qu'

> « on a eu avis de Marseille, qu'vn des vaisseaux du Roy commandé par le sieur de Belle-Isle, a repris sur les Corsaires d'Alger Vn vaisseau marchand de S. Malo, sur lequel il y avoit vingt Turcs qui ont esté faits esclaves. Il a aussi coulé à fonds vne barque d'Alger armée en course, dont on a sauvé soixante hommes, qui ont esté mis aux fers, & conduits à Toulon[77].

D'un côté la pression était suffisante pour amener le *diwan* à demander la paix. D'autant qu'en négociant directement avec les Français, Mezzomorto affirmait par ailleurs son indépendance de la Porte, dont il essayait par tous les moyens d'entraver les interventions en direction d'Alger. Et puis Duquesne parti, les conditions existaient d'une fin négociée des combats. L'amiral n'avait visiblement pas compris l'intérêt de la France à s'entendre avec Alger pour mettre fin aux hostilités. Il avait même ordonné l'évacuation du Bastion-de-France, contre l'avis de Seignelay, qu'il n'avait pas demandé et qui était contre, contre l'avis aussi de Dusault dont cela ne faisait pas l'affaire. Une fois le belliqueux Duquesne revenu à Toulon, on pouvait commencer les négociations.

De l'autre, la France, affaiblie par les guerres d'Europe, cherchait elle-même à faire à tout prix cette paix. Louis n'avait plus les moyens d'immobiliser toute la flotte du Levant dans un conflit que personne n'avait intérêt à faire perdurer. Intransigeant jusqu'au blocage, Duquesne était écarté, et remplacé par Tourville à qui le ministère faisait toute confiance pour mener les discussions au profit de la France. Le roi voulait négocier, et vite. Sans le dire sans doute, mais ça se voyait suffisamment pour qu'Alger pût venir discuter d'un accord. D'un accord dont tout le monde savait, des deux côtés, qu'il n'avait, pas plus que ceux qui l'avaient précédé, de chance de se voir appliquer.

Qu'importe qu'à Marseille et Paris, on répétât à l'envi que c'était Alger vaincue qui demandait grâce, alors que c'était au contraire la France qui, en position de faiblesse, essayait de mettre une fin honorable au conflit. Cette « paix », des deux côtés finalement, on voulait, on pouvait la faire.

---

[77] De Paris, le 11 Décembre 1683, *Gazette* n° 53, du 11 Décembre 1683, p. 696.

En l'absence de Tourville parti au siège de Gênes, le patron du Bastion-de-France, Dusault, était arrivé au port d'Alger le 14 mars 1684, chargé d'ici le retour de l'amiral d'amener le *dey*, avec lequel il avait un bon contact, à un accord qui satisferait le roi, lequel semblait plus pressé de signer que l'entêtement de Duquesne ne l'avait jusqu'ici laissé penser.

A Alger, la milice, comme cela avait été le cas lors des bombardements, poussait quant à elle à ce qu'on conclût un accord. Les seules réticences pour ne pas dire plus, venaient, d'une part des propriétaires d'esclaves à libérer qui rechignaient à les remettre et faisaient monter les enchères, et de l'autre des consuls anglais et espagnol qui s'étaient entendus pour demander que les mêmes accords puissent être passés avec leurs pays respectifs. Mais pouvaient-elles faire le poids face aux exigences des janissaires ? Les discussions avec Mezzomorto étaient donc bien reprises et même en voie d'aboutissement, lorsque Tourville revenait le 2 avril à Alger.

Il ne suffirait dès lors que de trois semaines, pour qu'un accord soit trouvé le 24 avril à grands coups de canons, et que soit signé le lendemain le nouveau traité de paix et de commerce avec la régence d'Alger. Entre-temps, Tourville était déjà reparti.

La paix de 1684

On signait donc un nouveau traité, celui du 25 avril 1684, résultat d'une discussion moins exigeante que les conditions mises par Duquesne en 1682 et 1683, puisqu'on avait refusé d'exiger le remboursement des frais de guerre et qu'on s'était engagé à restituer les miliciens mis aux galères de France. A Versailles, on n'hésitait quand même pas à présenter cet accord, dont on ne donnait pas les détails, comme imposé par la force aux Turcs d'Alger.

En l'absence de Tourville, c'est le commissaire général des armées navales Hayet, qui paraphait pour le roi le texte que Dusault, alors gouverneur de La Calle et proche de Mezzomorto, avait facilité, Pétis de La Croix fils faisant office d'interprète.

Une nouvelle fois, les capitulations préalablement établies étaient rappelées. On faisait comme si l'on revenait à la case départ, de laquelle on n'aurait donc jamais dû s'écarter. Le traité d'avril 1684 était la reproduction de ceux préalablement signés. Certes pas tout à fait, puisque la précision donnée cette fois-ci aux échanges d'esclaves, qui s'établissaient désormais d'une façon quelque peu différente de ce qui était prévu lors de l'accord précédent de 1666, était cette fois-ci plus avantageuse pour la France.

> « Et pour parvenir à ladite Paix, il a été convenu de part & d'autre, de la restitution de tous les François devenus Esclaves dans le Roiaume & domination d'Alger, & de ceux du Corps de la Milice dudit Royaume qui sont sur les Galeres de France, suivant les Rolles qui en seront fournis ; le Sieur Dusault, Gouverneur du Bastion de France, se chargeant en son nom d'amener lesdits Esclaves du Corps de ladite Milice par des Bastimens expres ; & le Divan & Puissances d'Alger, de rendre tous les Esclaves François dans le moment dudit échange ; & dès à present toutes les Prises qui seront faites depuis le jour de la conclusion du present Traité, seront renduës reciproquement de part & d'autre, sans qu'on puisse, sous quelque pretexte que ce soit, retenir aucuns Bâtimens, argent, Marchandises, ou robes, ni les Gens trouvez sur lesdites Prises[78]. »

Ces précisions mêmes, apportées aux conditions de la remise réciproque des esclaves détenus de part et d'autre, montraient en tous cas que le roi de France avait durci le ton.

Du côté français, seuls les janissaires pris et mis à la chiourme des galères royales, et donc pas les autres, devaient être remis aux autorités de la régence d'Alger. Quant aux noms de ceux retenus, ils le seraient à partir de l'état dressé par la marine française, et non sur la foi d'une liste présentée par la milice d'Alger. On pourrait donc en exclure ceux qu'on désirait garder. A Marseille, un seul délégué de la régence était accepté pour intervenir en cas de conflit, et non deux comme le prévoyait l'ancien traité.

En principe au moins, les trois précisions restreignaient de façon significative l'effectif à renvoyer de France, alors qu'en sens contraire, le même texte maintenait les restitutions dues par la régence

---

[78] Articles de la Paix accordée par le Chevalier de Tourville au nom du Roi de France Louis XIV au Bacha, Dey, Divan, & Milice d'Alger. Signez le vingt-cinquième Avril, 1684, *in*: *Corps Universel Diplomatique du droit des gens, contenant un recueil des traitez d'alliance, de paix, de treve* par M. J. Du Mont, à Amsterdam chez P. Brunel, R. et V. Wetstein et G. Smith, Henri Waesberge & Z. Chatelain ; à La Haye chez P. Husson et Charles Levier, volume VII, partie I, 1731, p. 75.

à la totalité des effectifs détenus, puisqu'il était convenu que, comme prévu initialement,

> « Tous les Esclaves François, de quelque qualité & condition qu'ils soient, qui sont à present dans l'étendüe dudit Royaume d'Alger, qui ont esté pris, non seulement depuis le 18. Octobre 1681. mais même depuis le Traité fait entre l'Empereur de France, & le Bacha, Dey, Divan, & Milice d'Alger, au mois de Fevrier 1670. seront remis dans une pleine & entière liberté, sans aucune rançon[79]. »

Certes pas tous. Pas les étrangers qui avaient été pris sur les navires français, d'abord et contrairement à ce que Duquesne avait initialement exigé. Ni ceux des esclaves français qui avaient été fait prisonniers par Alger avant février 1670, date de l'accord signé entre le *diwan* et Martel reprenant l'intégralité du traité de 1666 ; ces esclaves-là devaient être rachetés selon des termes voisins de ceux prévus au traité précédent.

> « Et à l'égard des François qui ont esté pris avant ledit Traité de 1670, a esté convenu qu'ils seront tous rachetez, en payant trois cens livres pour la rançon de chacun, quelque somme qu'ils ayent esté payez par leurs Patrons[80]. »

Ceux-là, il n'avait pas été possible de les récupérer sans payer. Curieuse clause, qui introduisait la possibilité de rachat conforme à la pratique déjà fort répandue, en contradiction avec l'échange systématique jusqu'ici répété. Curieuse aussi, par le fait qu'elle semblait reconnaître que les capitulations antérieures, de même que les accords de paix précédents, notamment celui signé en 1666, n'étaient alors plus en application.

L'activité même de course était en apparence strictement régulée, par l'attribution formelle de licences dont les formulaires faisaient partie intégrante du traité. Comme stipulé à l'article 5 de l'accord,

> « Les vaisseaux armez en guerre, ou dans les autres ports du Royaume, rencontrant en mer les vaisseaux & bastimens naviguant sous l'estendart de France, & les passeports de Monseigneur l'Admiral,... les laisseront en toute liberté continuer leur voyage,... & réciproquement les vaisseaux François en useront de mesme à

---

[79] *Ibid.* p. 76.
[80] *Ibidem.*

> l'égard des vaisseaux appartenans aux armateurs particuliers de ladite Ville et Royaume d'Alger, qui sont porteurs des certificats du Consul François, qui ont esté establis dans ladite Ville[81]. »

Encore la dissymétrie était-elle de taille, entre d'un côté les corsaires français qui devaient se munir d'un passeport établi par les autorités de leur pays, et de l'autre les corsaires algériens qui eux, avaient à rechercher un certificat non pas signé du *dey* ou du *diwan*, mais bien du consul de France. Il est clair qu'en conformité à ce qui était devenu la tradition, aucun des signataires n'attribuait la moindre importance à cet aspect normatif, qui n'avait rigoureusement aucune chance d'être un jour appliqué. Le contrôle sur documents des navires commerçants des deux bords servirait même de prétexte à une continuation des prises et donc des palabres sur la nature des échanges de captifs à opérer.

A Versailles, où tout ce qui était décidé ne pouvait l'être qu'à la gloire du grand roi, le traité était présenté comme la sanction d'une victoire décisive sur la régence d'Alger.

> « Jamais cette orgueilleuse Ville ne s'estoit veue traitée de la sorte. Toutes les fois qu'elle avoit fait la Paix avec quelque Puissance, loin de rendre aucun Esclave sans argent, elle avoit eu souvent de la peine à rendre ceux dont on luy payoit la rançon, & ne l'avoit fait que lors qu'elle avoit souhaité[82]. »

On avait gagné.

Peut-être pas autant qu'on l'avait cru au début, lorsqu'il était évident que l'on était allé s'y battre pour piétiner le nid de pirates. On n'avait pas détruit la fourmilière, on s'était contenté de l'éventrer. Alors, la seule parade était de faire contre mauvaise fortune bon cœur. On se consolait donc comme on pouvait, avec ce qui se disait. Le *Mercure galant* jugeait même

> « leur avoir fait perdre beaucoup plus qu'ils n'auroient donné en restituant la valeur des Prises, puis que le dommage qu'ils ont souffert depuis leur refus ne se peut estimer. Ils ont perdu quantité de monde ; toute leur Ville est ruinée ; ils ont vû périr beaucoup de leurs Vaisseaux & d'autres Bastimens... on a fort endommagé leur

---

[81] *Ibidem*.
[82] Suite de la relation d'Alger, *Mercure galant*, aoust 1683, pp. 339-340.

> Mole ; leur Gouvernement est changé ; les diverses factions font qu'elles se déchirent en eux-mesmes ; ce qu'ils ont usé de munitions de guerre est inconcevable, & le nombre infiny de coups de Canon qu'ils nous ont tirez, ne nous ont tué au plus que trente Hommes. Joignez à tout cela, qu'ils auront passé tout l'Eté sans pyrater, tous leurs Bastimens estant renfermez dans leur Mole, ce qui est une tres-grande perte pour eux[83]. »

Bref, même si la victoire n'était pas aussi éclatante qu'espéré, on avait gagné quand même...

D'abord parce qu'il fallait, si l'on voulait bien regarder du bon et pas seulement du mauvais côté, s'en tenir aux destructions qu'on avait faites, plutôt qu'à on-ne-sait-quel accord qui aurait même pu limiter nos gains, à l'exemple de ceux signés avec la régence par les Hollandais ou autres Anglais...

> « La Paix que fit le fameux Ruiter avec les Algériens, ne produisit aucun avantage aux Hollandois, sinon qu'ils auroient permission de racheter leurs Esclaves à grand prix, encore ne leur rendit on que ceux qu'on voulut, & qu'ils fourniroient à ces Corsaires de Poudre & du Canon. On n'auroit pas proposé une Paix comme celle-là, à des François qui vivent sous le Regne de Loüis le Grand. On nous la demandoit à genoux, & on commençoit par nous rendre tous nos Esclaves sans conditions. Il ne s'agit pas de voir si elle est conclue ou non ; il faut examiner ce qu'on a fait, & ce qu'on peut faire, & considerer que la Paix offerte, qui auroit mis les autres Nations dans le comble de la gloire, n'estoit pas encore assez pour nostre auguste Monarque. » [84]

On croît quand même rêver, s'agissant de ceux qui n'avaient pas rechigné à signer le traité de 1666...

Ensuite parce qu'il fallait bien voir que si l'objet était la restitution des captifs français des Turcs,

> « depuis les Esclaves qu'ils nous ont rendus, nous en avons toûjours beaucoup plus eu des leurs, qu'il ne leur en reste des nostres[85]. »

---

[83] *Ibid.*, pp. 350-352.
[84] Tout ce qui s'est passé devant Alger, depuis la seconde Relation qui en a esté donnée dans le Mercure, *Mercure galant*, octobre 1683, Première partie, pp. 247-248.
[85] *Ibid.*, pp. 250-251.

Si ce n'était pas ça, gagner...

D'ailleurs, comme le *Mercure* l'avait déjà expliqué,

> « il est constant qu'encor qu'on ne remporte pas toûjours de grandes Victoires, plusieurs avantages moins considérables remportez separément, valent quelquefois bien ensemble une Victoire parfaite. C'est ce qui se rencontre dans l'Affaire d'Alger[86] »

et justifiait peut-être le fait que la gazette mensuelle lui consacrât de si nombreuses pages.

En gros, on n'avait peut-être pas gagné, mais on avait gagné quand même...

L'accord, rédigé par Dusault et paraphé par Hayet au nom du roi, insistait bien sur le fait qu'on en revenait aux conditions traitées du temps de Sanson. On supprimait donc toutes les entraves qui auraient pu être mises à la pêche du corail autres que le paiement d'un droit de 10 % sur la valeur de tous les produits de la concession, c'est-à-dire le cuir, mais aussi la cire, la laine et le suif, dont on faisait également bénéficier le *caïd* de Bône. Quant à savoir si le blé, expédié à partir de cette dernière ville, faisait ou non partie du même paquet de mesures, le texte ne disait mot, mais on pouvait penser des deux côtés que cela pouvait bien être le cas, puisque le port de Bône était explicitement mentionné pour indiquer qu'il faisait bien partie désormais de la concession exclusive. On pouvait donc penser que le négoce des blés, n'étant pas explicitement interdit, était du même coup permis. C'est en fait bien à cette fin que Dusault avait tenu à s'assurer de la protection du *caïd* de Bone, qui lui avait manqué jusqu'ici, créant des difficultés de gestion du poste, et pour ce faire accepter de lui régler, comme au *dey* d'Alger

> « trois mille Pataques par an, en six versemens égaux[87] ».

Mais en échange, Dusault en avait profité pour étendre aux villages voisins et jusqu'à Gigeri de triste mémoire, le monopole dont il disposait au Bastion-de-France. L'accord réactivant le commerce français autour de La Calle et Bône se trouvait même signé avant que ne le fût le traité général de paix et de commerce avec la régence

---

[86] Au lecteur, *Mercure galant*, octobre 1683, Première partie, pp. àij-àiij.
[87] *Ibidem*.

d'Alger. D'évidence, les petites affaires passaient avant les grandes déclarations.

Preuve qu'on avait bien gagné, une ambassade d'Alger venait à Versailles confirmer que désormais, ce serait la paix. Comme le répéteraient les historiens officiels qui ne retenaient des faits que ce qui pouvait servir à grandir la valeur de Louis,

> « Alger, deux fois bombardée, & à moitié réduite en cendres, envoya des Députés demander pardon au Roi[88]. »

> « Les Ambassadeurs d'Alger viennent à Paris, le 4 Juillet, implorer la clémence du Roy[89] »

nous dit également Lenglet-Dufresnoy.

Sans le *dey* lui-même dont on avait fini par accepter qu'il se fît représenter, la délégation de la régence était conduite par un ancien gouverneur de la ville, Hadji Djaffer Agha, bombardé pour l'occasion ambassadeur du *diwan* et accompagné d'une douzaine de dignitaires dont le rôle était peut-être autant de le surveiller que de le montrer important.

Nul doute qu'aucun d'entre ces envoyés ni de leurs hôtes ne se ferait la moindre illusion sur la valeur de cet engagement à ne plus se faire la guerre.

A la cour, où le paraître prime sur le contenu, l'on rirait de ces turbans, sans cacher une certaine fierté à voir la France respectée loin dans le monde.

> « Ils disent qu'ils n'ont jamais envoyé d'Ambassadeur à aucun Souverain, que de leur Religion »

disait d'eux le *Mercure galant* en marge d'une chronique détaillée de leur visite à Versailles,

> « & la vénération qu'ils ont pour Sa Majesté, les a fait passer pardessus leurs Loix, & qu'ils traitent de *Padischa*, qui veut dire

---

[88] *Exposition de l'Histoire de France*, par M. C***, à Paris, chez Saillant & Nyon, chez la Veuve Desaint, 1775, p. 499.
[89] *Tablettes chronologiques de l'Histoire Universelle*, par M. l'Abbé Lenglet Dufresnoy, à Paris chez De Bure l'aîné et chez Ganeau, libraire, 1744, seconde partie, p. 200.

> *Empereur*, quoy qu'ils n'ayent jamais donné ce nom qu'au Grand Seigneur. Ils ont trouvé la France si peuplée depuis Toulon jusques à Paris, qu'ils ont dit que toute la Campagne n'estoit qu'une Ville[90]. »

Et les courtisans de se gausser de « l'ignorance » de ces barbares. Apparemment subjugué sinon soumis par Louis, l'ambassadeur, au terme de sa visite de l'arsenal de Toulon, n'avait pas hésité à affirmer

> « Que c'estoit une merveilleuse ignorance, de vouloir la Guerre avec le plus puissant Prince de la Mer, & qui estoit toûjours prest à armer des Vaisseaux, & à faire sentir son indignation à ses Ennemis[91]. »

C'est en tout cas ce que le *Mercure galant*, toujours prêt pour sa part à arroser le souverain de ses éloges pompeux, avait voulu l'entendre dire… La venue de cette troupe enturbannée intéressait les curieux. Peut-être exagérait-on quelque peu la foule que tout cela déplaçait.

> « On peut dire qu'ils arrivèrent à Paris entre deux hayes de monde, les chemins en ayant presque toûjours esté bordez depuis Toulon jusques à Paris[92]. »

Reçu à l'audience du roi du 7 juillet 1684, après avoir rendu visite à l'amiral de France comte de Toulouse, fils du roi et de la Montespan, âgé alors de six ans, il fit au nom du *dey* sa soumission assortie des éloges d'usage, mais en profita aussi pour insister - assez lourdement même - sur le souhait qu'avait la régence d'Alger de voir tous ses prisonniers en France libérés. Déjà devant Toulouse,

> « Nostre joye cependant ne peut estre acomplie, tant qu'il y aura de nos Compatriotes qui gémiront dans tes Galeres sous le poids de leurs fers. Il faut donc, ô tres-digne & tres-noble Amiral, que tu nous accordes ta protection auprès de ton Excellent & Auguste Père, & que tu nous aides à en obtenir leur liberté[93] »

---

[90] Arrivée des Ambassadeurs du Divan d'Alger, *Mercure galant*, juin 1684, pp. 328-329.
[91] Détail de tout ce qui s'est passé pendant la Négotiation de la Paix d'Alger ; l'arrivée de l'Ambassadeur de cet Etat en France, son Voyage, son Audience, ses Harangues, ce qu'il a dit sur tout ce qu'il a veu dans ce Royaume, son Départ, & les Présens qui luy ont esté faits, & à tous ceux de sa Suite, *Mercure galant*, aoust 1684, pp. 208-209.
[92] *Ibid.*, p. 210.
[93] *Ibid.*, pp. 216-217.

puis devant le roi lui-même, où l'ambassadeur s'était fait plus direct encore :

> « nous n'avons garde de douter que tu ne rendes libres tous ceux de nos Freres qui se trouveront arrestez dans tes fers, comme nous remettons en pleine liberté tous ceux de tes Sujets qui sont entre nos mains[94]. »

Au gré des visites organisées pour lui par ses hôtes, l'envoyé du *dey* reviendrait de même sur la question.

> « Il admira la Bibliotéque du Roy ; mais lors qu'il vit les Alcorans que l'on y conserve, il ne put s'empescher de dire ; *Oh, pauvres Esclaves, si je pouvois vous delivrer d'icy, je le ferois de bon cœur*[95]. »

en des termes que la traduction diplomatique dans la forme mais rigoureuse sur le fond, de Pétis de La Croix,

> « Secrétaire-Interprete du Roy des Langues Arabesques, Turquesques, & Persiennes[96] »

rendait une nouvelle fois suffisamment explicite. A la cour, curieuse d'exotisme et d'aller regarder passer ces enturbannés, les envoyés n'obtiendraient pas gain de cause. Ce n'était certes pas le lieu de recommencer les négociations d'un traité déjà signé, et dont du reste la plupart des courtisans n'avaient jamais entendu parler. Il n'était de toutes façons pas question de rendre la pareille à un *dey* qu'on avait soumis par la force et dont Louis avait déjà accepté qu'il ne vînt pas lui-même s'agenouiller devant lui.

Pour l'instant, la France cherchait tous les arguments possibles et imaginables pour limiter le nombre des turcs rendus à Alger. On libérerait des Levantins, lesquels ne comptaient pas pour la régence, et l'on refuserait d'inclure dans l'échange ceux des esclaves français qui s'étaient évadés. A son habitude, l'arsenal des galères de Marseille essayait de cacher de nombreux turcs qui auraient normalement dû faire partie de la liste des libérables. Il avait fallu attendre la fin

---

[94] *Ibid.*, p. 224.
[95] *Ibid.*, pp. 250-251.
[96] *Ibid.*, p. 264.

septembre 1684 pour qu'enfin l'on annonçât que le marquis d'Amfreville viendrait rapatrier à Alger, en même temps que l'ambassadeur Hadj Djaffer, quelque 400 esclaves de la chiourme marseillaise (enfin, presque puisqu'ils étaient 396 dont 200 seulement valides, beaucoup d'entre eux ne venant même pas d'Alger), et se faire remettre en échange le même nombre de Français.

Tout le monde faisait donc comme si tout allait désormais du mieux possible, du moins le disait-on, sans qu'aucun des deux protagonistes ne se pensât sérieusement lié à l'autre par un quelconque serment.

Le bombardement d'Alger de 1682
s.l. n.ed., s.d. (4ème quart du XVIIe siècle)

Bombardement d'Alger le 26 Juin 1683
s.l. n.ed., s.d. (4ᵉ quart du XVIIᵉ siècle)

En représailles au bombardement d'Alger par les Français, les Algériens attachent le consul de France à la bouche d'un canon
gravure hollandaise de Jan Luyken, s.l. n.ed., 1698.

Chapitre 6

Après la guerre, la paix ?

Le climat de paix qui avait régné un temps durant les discussions de l'accord d'avril 1684 entre Mezzomorto et Dusault ne devait pas durer plus de quelques mois.

Si les premiers jours de son application, le traité avait fait un tant soit peu impression, il était devenu clair qu'avec le temps, les corsaires barbaresques avaient recommencé à arraisonner des Français.

A l'issue des discussions engagées en marge de la signature de l'accord, les deux parties s'étaient entendues sur la restitution d'un effectif de 400 prisonniers de part et d'autre, mais - avant comme après livraison - chacune des deux reprochait à l'autre de ne pas se conformer à ce qui avait été prévu. Et de fait, personne ne respectait les termes convenus. Pas la régence d'Alger, à qui la France reprochait d'avoir mis un lot d'étrangers dans le nombre rendu, alors qu'elle conservait des Français. Mais surtout pas la France, qui n'avait pas restitué plus de 150 janissaires, le reste du lot rendu, qui ne faisait déjà pas les 400 convenus, étant constitué de Levantins, pour la majorité d'entre eux, vieux et invalides. On avait dû discuter à nouveau, s'expliquer, et le ton était vite monté.

Dès mars 1685, les attaques avaient donc repris de plus belle, et la France se voyait même chassée du Bastion au profit de l'Angleterre à qui la concession était attribuée pour dix ans. Loin d'être comme ils le prétendaient propriétaires des lieux, les Français n'en étaient déjà plus les locataires.

Il avait fallu de même de nouvelles remontrances du *dey*, pour que Tourville puisse revenir à Alger en mai 1685 avec 75 turcs promis, mais en réalité 50 « retrouvés » sur les galères et se faire remettre le même nombre d'esclaves français portés à Toulon.

Pour tout dire, la sécurité des navires marseillais en Méditerranée, puisque toute l'affaire était née de cette préoccupation, n'était pas mieux assurée qu'elle ne l'avait été avant les bombardements de 1682 et 1683.

La descente de 1688

De cela, le ministère comme le conseil de marine n'avaient peut-être pas envie de trop parler.

La petite escadre, formée de l'*Agréable* et du *Bizarre* et commandée par Tourville, partie de Toulon le 14 mai 1685, chargée d'un petit contingent d'une cinquantaine d'esclaves turcs libérés à remettre en mains propres à Alger, ne répondait qu'en partie aux clauses signées, même si le consul Sorhainde, un parent de Dusault, qui avait dû batailler pour l'obtenir, en était finalement satisfait. La flotte avait rejoint ensuite celle de d'Estrées devant Tripoli. Après un bombardement en règle du 22 au 25 juin, la ville avait cédé et demandé la paix. Les bateaux continuaient sur Tunis qui signait sous la menace et sans combattre un traité de paix daté du 30 août 1685. Mais entre-temps, des navires commerciaux marseillais avaient de nouveau été attaqués par des *raïs* algérois, de sorte que Tourville avait dû revenir devant Alger sur le *Bizarre* armé de 54 canons demander réparation des dernières prises et menacer la ville de nouveaux bombardements. A cette requête, on disait que le *dey* avait aussitôt acquiescé, et Tourville était donc rentré à Toulon le 25 septembre. C'était là peu de choses, dont on n'avait pas trop parlé, qui montrait peut-être s'il le fallait que les *raïs* d'Alger n'étaient pas forcément enclins de prendre le traité à la lettre, mais à ce peu de choses, on ne prêtait guère attention.

L'abondant courrier échangé entre Versailles et le *dey* devenu *pacha* Mezzomorto avait certes fait remonter la tension. La France, pourtant la première responsable la non-application des termes du traité de 1684, refusait, sous la pression de l'intendant maritime du Levant, de Vauvré, de rendre de nouveaux galériens. Une escadre du général des galères Mortemart (fils de Vivonne et donc neveu de la Montespan) était venue en février 1686 faire une démonstration devant Alger et présenter au *diwan* un *Mémoire des contraventions faites par les Algériens au traité de paix de 1684*, dans lequel ne figuraient que les attaques barbaresques et non les refus de la France de rendre les turcs de Marseille. Le *dey* avait promis de faire de son mieux pour garantir la paix, mais il s'était bien gardé d'interdire à ses *raïs* de continuer d'arraisonner les navires sous pavillon français. En réponse aux plaintes répétées d'armateurs provençaux, une nouvelle croisière commandée par Blainville arrivait le 22 août 1686 devant

Alger. Elle y restait jusqu'au 23 septembre, sans obtenir autre chose que la remise de 99 captifs et la réitération de promesses qu'à l'avenir, tout irait pour le mieux.

On s'attendait quand même du côté français à tout, et ce tout semblait être la reprise prochaine des combats, puisque, déclarant chercher à se prémunir de prises corsaires ennemies, une décision du conseil encourageait les navires commerciaux de s'armer en guerre, un arrêt du 17 septembre 1687 attribuant une prime au navire ennemi coulé bas de 3 000 livres par vaisseau et de 1 500 par barque.

Pour tous, en 1687, les lois dont on pouvait ou non convenir, ne servaient proprement à rien.

> « Celles qu'on avoit prises contre les Algeriens, en faisant avec eux un Traité ne les avoient pas empêchés non plus de recommencer leurs courses contre les Vaisseaux François. On fut donc obligé de se remettre en Mer pour réprimer leurs violences. On leur livra un rude combat au mois de Septembre près de Ceuta, où leur Vice-Amiral fut coulé à fond, après avoir tué ou blessé plusieurs des Pirates qui le montoient, & fait les autres prisonniers[97]. »

Au début de l'année 1688, un correspondant aussi anonyme que discret, faisant au *Mercure galant* une sorte d'état des forces des *raïs* barbaresques, se voulait carrément optimiste.

A le lire, non seulement la France contrôlait les allées et venues de chacun des navires de course d'Alger, mais elle arrivait même à les bloquer dans des ports éloignés de leur base.

> « Ils ont ordre de ne pas retourner à Alger pendant l'espace de neuf mois, de peur qu'ils ne rencontrent des Vaisseaux François. Ils doivent aller à Tunis & à Tripoly avec leurs prises, & n'en point partir jusqu'à nouvel ordre. Il est aisé de juger par là combien la Guerre qu'ils ont avec la France leur est désavantageuse, puis qu'ils sont reduits à passer presque une année sans oser retourner chez eux[98]. »

---

[97] *Abrégé chronologique de l'Histoire de France*, nouvelle édition, augmentée, tome quatrième, par M. de Limiers, pour servir de suite à l'Abrégé de M. de Meyzeray, à Amsterdam, chez David Mortier libraire, 1755, p. 419.
[98] Etat des Affaires d'Alger, *Mercure galant*, février 1688, pp. 192-193.

L'intervention française leur aurait littéralement coupé leur gagne-pain :

> « on peut dire qu'ils souffrent autant que des personnes qui manqueroient à recevoir le revenu qu'ils auroient pour vivre[99]. »

Tab. 17 - Forces corsaires d'Alger au début 1688

Nom du navire	nombre de canons
Vaisseau du Bassa	64
Cara-Mustapha	56
Setta Rais	44
Hodg Bettolar	40
Sanson Rais	36
Lansmustapha Rais	36
Buffon	36
Canary le Jeune	34
Corally Rais	34
Massau Rais	31
Burtange	34
Abraman-Hoggia	30
Queel Hacel	18
Rigip Rais	16
Mustapha Rais	16
Ben Journoux	34
Le Jagarin	34
Dausiac	34
Abdate Rais	10

d'après : l'Estat des Vaisseaux Corsaires d'Alger présentement en Mer, avec leurs Canons & marques à la Poupe de chaque Vaisseau, *Mercure galant*, février 1688, pp. 188-189.

A l'en croire même, leurs pertes auraient été immenses,

> « de sorte que s'ils perdent encore autant cette année, qu'ils ont fait depuis la déclaration de la Guerre, ils souffriront beaucoup plus que

---

[99] *Ibid.*, p. 193.

si leur Ville estoit ruinée par le feu ; leurs maisons peuvent estre rétablies, mais les pertes qu'ils font sur Mer ne se reparent pas aisément, & elles sont toûjours fort grandes quand leurs Vaisseaux manquent de leur rapporter des prises[100]. »

On ne sait pas à quelles sources le *Mercure* et ses informateurs prenaient leurs données. Car la réalité apparaît toute autre, bien différente sinon carrément contraire à ce qu'un bilan officiel complaisant s'attachait à répandre. De cela, la suite des événements d'Alger n'allait pas tarder à apporter une preuve amère.

De 1685 à 1687, la paix entre Européens devait permettre à Louis XIV d'avoir les coudées plus franches pour intervenir contre les Barbaresques. Tourville, renvoyé - une nouvelle fois - en septembre 1685 devant Alger pour exiger le respect des clauses du traité de 1684, que la France reprochait à la régence d'Alger de ne pas respecter, ne pouvait guère être entendu ; comme il ne les respectait justement pas non plus, la mission avait proprement échoué.

L'arrêt de septembre 1687 allait déclencher les hostilités. Cette histoire de prime au navire coulé étant restée dans la gorge du *diwan*, plusieurs bateaux commerciaux français étaient saisis par les Barbaresques au cours du second trimestre de 1687. La riposte de Louis ne s'était pas fait attendre, une vingtaine d'embarcations d'Alger étaient coulées dans la foulée durant le seul mois de juillet. C'était à nouveau la guerre.

En représailles, le consul Piolle était arrêté, en même temps que 372 Français aussitôt enchaînés et mis aux carrières. Les bureaux du consulat étaient méticuleusement pillés, et les 11 navires marchands se trouvant alors au port, saisis et revendus, avec cargaisons et équipages. Malgré l'interposition de Dusault dont les affaires gagnaient à ce qu'il y eût la paix, le sort des marins et commerçants français présents à Alger ayant échappé à la rafle s'avérait fort incertain, si l'on songe qu'après maintes interventions humiliantes, la libération du consul malade était intervenue juste avant que le *dey* ne fût informé de la réunion contre Alger d'une grande escadre navale punitive.

---

[100] *Ibid.*, p. 195.

Car lorsqu'une nouvelle récrimination de grands négociants marseillais s'était retrouvée portée à la cour, le ministère décidait que cette fois-ci - et une nouvelle fois - c'en était trop : une escadre serait envoyée bombarder Alger.

C'était en 1688, alors même que la flotte française de Levant était pour un fois toute inemployée, et pouvait donc être déployée sans gêner d'autres interventions. Son commandant-en-chef, l'amiral Jean II d'Estrées, n'était peut-être pas le plus compétent pour la conduire, même s'il venait d'imposer une paix à Tripoli, mais aller là-bas lancer des bombes sur les maisons ne demandait pas une grande technicité. On l'avait déjà fait. On y arriverait, c'était sûr.

Une nouvelle fois, on n'avait pas fait à moitié. L'escadre de d'Estrées, forte de 11 vaisseaux seulement, mais plus gros que ceux dont avait disposé Duquesne, en appui à dix galiotes à bombes, dont on savait désormais se servir à force de les avoir employées à plusieurs reprises, se présentait devant Alger le 26 juin 1688.

Tab. 18 - Moyens employés lors des divers bombardements français d'Alger

	1682	1683	1688
vaisseaux	11	17	11
galères	15	16	8
galiotes à bombes	5	7	10
hommes	4441	5282	3401
canons	728	842	586
bombes	308	10 000	11 800

La flotte de d'Estrées avait appareillé le 3 juin de Toulon en grande pompe, avant de devoir relâcher immédiatement aux îles d'Hyères pour n'en repartir que le 9 pour les Baléares. Comme à l'ordinaire, la *Gazette* s'empressait de renseigner ses lecteurs sur le déroulement de l'opération :

« le Mareschal d'Estrées estoit arrivé devant Algier avec les Vaisseaux, les Galéres & les Galiotes à bombes, dont neuf avoient pris leur poste devant la Ville & vne devant le nouveau fort que les Algeriens ont basti cet hyver au Cap de Matifou : & que les galeres s'en estoient approchées nonobstant le grand feu du canon du Mole, & de la place, dont elles n'avoient reçeu aucun dommage[101]. »

Tout ce beau monde s'installait aussitôt et se mettait à pilonner la ville une fois le calme revenu. Le 27, les premiers tirs s'avéraient mal réglés, les mortiers ayant été postés trop loin des quais pour que les coups portent. Le 1er juillet, les officiers des galiotes refusaient puis acceptaient de se rapprocher de la ville qui recevait 95 bombes en deux heures. Mais les plateformes restaient trop proches les unes des autres jusqu'à se gêner, de sorte que les tirs portaient peu, ou mal.

Il fallut encore deux jours pour voir le dispositif établi. On était enfin prêt, et du 3 au 5 juillet, près de 4 000 bombes s'abattaient sur la ville, soit quatre-et-demi par mortier et par heure. Un record. Les jours suivants et jusqu'au 15 juillet, ce fut une pluie de 6 176 bombes qui allait tomber sur la ville, de jour comme de nuit, et avec un succès croissant.

La mise au point technique des tirs arrivait au bon moment, si l'on considère que jusqu'ici, la mésentente au plus haut niveau de l'état-major ainsi que la rivalité entre marine et artillerie, s'alliaient à l'incapacité manifeste de d'Estrées, pour créer une cacophonie qui avait un moment désorganisé la chaîne de commandement des galiotes.

Quoi qu'il en ait été, on savait désormais mieux faire, ce qui se traduisait par de nouvelles démolitions à la ville, dont la partie basse était une nouvelle fois touchée, de même cette fois-ci que les parties plus hautes en contrebas direct de la *casbah*.

Proclamations et autres mises en demeure n'avaient pas manqué d'être criées des deux côtés. Faisant comme de coutume le fier sous la pluie de bombes, Mezzomorto avait formulé et mis en exécution le 3 juillet sa menace de mettre à la bouche de ses canons le consul Piolle et une quarantaine de Français présents sur les lieux, dont le père spiritain Montmasson le 5. En réponse, d'Estrées avait fait pendre à sa grande vergue autant de Turcs qu'il avait pris. *Bis repetita*.

Mezzomorto tenait pour illégitime l'emploi par les Français des galiotes à bombes.

---

[101] De Paris, le 17 juillet 1688, *Gazette* n° 30 du 17 Juillet 1688, p. 360.

> « Vous dites que si nous mettons des chrétiens à la bouche du canon, vous mettrez les nôtres à la bombe ; eh bien ! »

aurait-il écrit à l'amiral,

> « si vous tirez des bombes, nous mettrons le Roi des vôtres au canon. Et si vous me dites : Qui est le Roi ? C'est le Consul. Ce n'est pas parce que nous avons la guerre, c'est parce que vous tirez des bombes. Si vous êtes assez fort, venez à terre, ou tirez le canon avec les vaisseaux[102]. »

Plus prudente qu'elle ne l'avait été lors des bombardements précédents et surtout de l'affaire de Gigeri, la *Gazette* laissait quand même penser que la France était victorieuse :

> « depuis le 1er de ce mois jusqu'au 16, on avoit tiré sur Alger plus de dix mille bombes dont l'effet avoit esté si grand, que plus des deux tiers de la ville avoient esté bruslez ou renversez. Cinq vaisseaux des Corsaires qui estoient dans le port ont esté coulez à fond & vn autre brulez entierement sur le chantier. On n'a perdu qu'vn Matelot, tüé dans la chaloupe du vaisseau le Solide : & celle du Moderé a esté coulez à fond, mais tous ceux qui estoient dessus ont esté sauvez. On ne sçait pas encore le détail de la perte des Infidèles : mais on ne doute pas qu'elle soit fort grande[103]. »

Cela dit, les autres savaient aussi mieux se défendre, l'artillerie du port, renforcée depuis les combats de 1682 et 1683, tirant sur les vaisseaux stationnés plus près du môle, en détruisant même quelques-uns. Au résultat, rien ne bougeait.

De sorte qu'après 16 jours seulement, d'Estrées décidait de se replier sans avoir eu le moindre des pourparlers avec le *diwan*, et rentrait à Toulon le 8 août. Mezzomorto, le même qu'en 1683 rebaptisé entre-temps *pacha*, toujours partisan de la guerre comme la plupart des *raïs* et usant comme on l'a vu avec Piolle des mêmes moyens expéditifs dont il s'était déjà servi cinq ans plus tôt avec le père Le Vacher, ne donnait pas le moindre signe qu'il cherchât à

---

[102] Lettre de Hadj Hussein pacha d'Alger au commandant-en-chef de l'escadre de France, du 29 juin 1688 ; transcrit dans : Plantet (Eugène) Edit., *Correspondance des deys d'Alger avec la Cour de France, 1579-1833*. Paris, Félix Alcan, 1889, tome 1, p. 158.
[103] De Paris, le 31 Juillet 1688, *Gazette* n° 32 du 31 juillet 1688, p. 384.

négocier une trêve. Il avait profité de l'absence du *dey* Ibrahim parti surveiller les combats contre les Espagnols autour d'Oran, pour prendre la main, c'est-à-dire celle des *raïs* sur les janissaires.

Au bout du compte, on était venu, on avait tiré des bombes, on leur avait coulé trois navires, démoli une centaine de maisons, peut-être plus, et on s'en était allé sans ne rien dire à personne.

Tout en restant peu loquace sur le déroulé et les résultats de l'opération, qui s'effaçait devant la prise de Philipsbourg, la *Gazette*, à son habitude, préférait insister sur l'ampleur des démolitions, qu'elle grossissait volontiers.

> « La ville d'Alger est entièrement renversée ; n'y ayant aucune forme de rües, & n'y restant que peu de maisons entières. On n'y voit que des masures : & il y a eu environ trois cents personnes accablées sous les rüines. Les Algeriens voyant tomber les premiéres bombes dans la ville basse, crûrent qu'elles n'arriveroient pas jusqu'à la ville haute : mais ils furent bientost desabusez, parce qu'elles passérent au de là des murailles, où elles rompirent quelques aqueducs, tüérent deux Reys & brûlerent quantité d'effets & de meubles. Vn fortin fit üevers la mer, & où il y avoit quinze pieces de canon a esté abbatu. Le fanal & la muraille du Mole ont esté endommagez[104]. »

On avait quitté la place sans que les autres ne se rendent, et on y avait quand même laissé deux vaisseaux, ce qui signifiait bien que ce n'était pas tout à fait une victoire.

Cela dit, la descente des vaisseaux de d'Estrées avait quand même affaibli Alger. Pour la France, ce n'était pas une défaite non plus, si l'on en juge d'après les conséquences politiques de cette escapade.

D'abord le *pacha* Mezzomorto et le *dey* Ibrahim Khodja s'était vus fortement contestés par la milice qui avait fini par se soulever contre eux. Connaissant mieux que personne ce qui pouvait arriver dans ces cas-là, les deux prenaient vite la fuite face au mécontentement des janissaires, le premier vers Tunis, le second vers Sousse, aussitôt remplacés par Hadj Chabane.

Ensuite, les coûts élevés générés par ces nouvelles démolitions tombaient plutôt mal, alors même que les expéditions militaires

---

[104] De Marseille, le 14 Septembre 1688, *Gazette* n° 44 du 23 Octobre 1688, pp. 525-526.

terrestres contre les Espagnols dans le *beylik* d'Oran avaient fortement entamé les finances de la régence.

La paix de 1689 questionnée

Qu'il ait été partisan sincère d'une trêve ou qu'il ait fait juste le contraire de son prédécesseur, mieux valait pour le nouveau *dey* Chabane se contenter d'une nouvelle paix, dont il savait bien qu'elle n'engageait pas à grand-chose, en tout cas pas plus que celles qui l'avaient précédée. Chabane nommait pour la conclure un ambassadeur à Versailles, Mehemet el-Emin Effendi, chargé de négocier une nouvelle accalmie dans les relations entre la France et la régence d'Alger.

Pour la France aussi, le bombardement de juin 1688 n'avait rien réglé du différend entre les deux camps. L'agressivité et la présomption de Louis n'avaient fait qu'exacerber la susceptibilité du *dey*, dont les marchands français commençaient à faire les frais. Les petits ports méditerranéens avaient déjà subi de multiples attaques, dont ils s'étaient plaints à l'intendant de marine de Toulon. Si l'on voulait que le commerce ne soit pas trop entravé en terrain considéré comme ennemi, il fallait revenir à des relations plus diplomatiques, au moins de façade, quitte à se présenter bien sûr en vainqueur à usage interne. C'était d'autant plus nécessaire que l'isolement de la France en Europe l'obligeait désormais à concentrer ses forces militaires plus au Nord. De la guerre en Europe, la France était déjà sortie épuisée, au moment où justement la coalition générale contre Louis le poussait à mettre le paquet contre Guillaume III d'Angleterre. Réduit à devoir mettre fin à ses conflits avec le pape et le *dey* d'Alger, le roi était de fait acculé à signer avec eux des accords. Sans être en position de faiblesse, Louis était une nouvelle fois pressé.

Pour résumer, les deux parties, l'algérienne comme la française, avaient intérêt, et donc envie, de signer quelque chose qui ressemblât au moins et une nouvelle fois à une trêve provisoire. Elles allaient donc signer.

A entendre les commentateurs de Versailles et d'ailleurs, la France s'obligeait à répondre à des demandes soi-disant répétées du *dey* Chabane. Louis poussait en fait lui-même à la négociation, car les croisières commençaient à coûter cher eu égard au peu de résultats qu'elles obtenaient, dans le même temps où l'on avait besoin de la flotte ailleurs sur le front espagnol.

En mai 1689, le consul Mercadier, remplaçant de Sorhainde à Alger, signalait que le *dey* s'était déclaré prêt à négocier. En juin, un commissaire de la marine, Marcel, était désigné par Seignelay pour engager les tractations, et Dusault, qui faisait fonction d'ambassadeur itinérant auprès des places d'Afrique du Nord, se disait disposé à se rendre à Alger en sa compagnie pour réparer le mal fait par l'expédition du maréchal d'Estrées. C'est en tout cas ce qu'il disait. Les deux étaient bientôt sur place. Le décompte qu'ils présentaient quelques mois plus tard faisait état de la détention par la régence de 1 033 captifs « chrétiens ». La France se déclarait cette fois-ci prête à un échange pour peu que le *dey* rompît avec les Anglais. Pour encourager les Algériens à déclarer la guerre, on leur avait même ouvert les ports de Ponant. Mais les autres hésitaient visiblement, de peur sans doute de perdre un précieux argument dans la négociation diffuse qui avait déjà commencé.

On voit suffisamment que la France, une nouvelle fois pressée d'aboutir à un accord, n'était pas tout à fait en position de force pour imposer au *dey* quoi que ce soit. Mais on négociait quand même, ce qui n'était déjà pas si mal compte tenu du passif, et on aboutissait bientôt à un traité, celui du 24 septembre 1689, que Marcel présentait au *dey* le 19, et qu'il paraphait lui-même le 24 au nom du roi. Marcel revenait à Alger en décembre, amenant avec lui une centaine de turcs, et rentrait en France en mars 1690, accompagné du consul Mercadier qu'il avait révoqué pour traîtrise (il s'était semble-t-il entendu avec le *dey* et aussi avec les Anglais, ce qui faisait beaucoup) et qui passerait du bateau à la prison à son arrivée à Toulon.

La « paix » nouvelle, en fait la même que celle de 1684 à quelques détails près, se voyait confirmée lors d'une ambassade en France de Mehemet el-Emin Effendi. Que cet émissaire fût venu pour officialiser la soumission du *diwan* à Louis XIV, selon la version française, ou qu'il ait été chargé de demander une nouvelle fois l'élargissement de tous les turcs des galères, comme on le disait à Alger, c'est selon. Il était en tous cas porteur d'une *Requête du Diwan d'Alger au Très-Puissant Empereur de France, en considération de la Paix*, faisant la liste de tous les biens et personnes que la régence demandait à la France de restituer.

Arrivé en France en mars 1690 lors d'un retour de Marcel, il avait dû patienter avant d'être finalement reçu à Versailles et présenté au roi par Seignelay le 26 juillet, après plusieurs reports. Le roi fût-il occupé, l'attente était due à la volonté de gagner du temps de Seignelay, qui savait que Louis entendait s'en servir pour humilier l'envoyé et ne voulait de toute façon pas rendre les turcs des galères. Sur ce dernier point au moins, la mission de Mehemet el-Emin Effendi, qui ne se passait pas sous les meilleurs auspices, se conclurait comme celle de son prédécesseur, par un échec.

Que disait le nouveau traité ?

Comme d'habitude, on faisait donc la paix, en déclarant, selon la même formule qui avait été employée dans les deux traités précédents de mai 1666 et d'avril 1684, qu'on revenait avec des modifications mineures, aux clauses des accords antérieurs.

> « Premièrement ; Les Capitulations faites & accordées entre l'Empereur de France & le Grand Seigneur ou leurs Predecesseurs, ou celles qui seront accordées de nouveaux par l'Ambassadeur de France, envoyé exprès à la Porte pour la Paix et le Repos de leurs Etats, seront exactement & sincerement gardées & observées, sans que de part & d'autre il y soit contrevenu, directement ou indirectement.
> II. Toutes courses & actes d'Hostilité tant par Mer que par Terre cesseront à l'avenir entre les Vaisseaux et Sujets de l'Empereur de France, & les Armateurs particuliers de la Ville & Roiaume d'Alger[105]. »

C'est sur ces deux premiers articles que les protagonistes français, de Marcel à Dusault jusqu'à d'Estrées et Pontchartrain, continuaient de se fonder pour expliquer que la suspension d'armes décrétée traduisait en l'état une victoire française. Mais pour peu qu'on eût lu jusqu'au bout la vingtaine d'articles qui suivaient, on se serait vite convaincu que c'était pour le moins un peu plus compliqué.

---

[105] Traité de Paix pour cent ans entre Louis XIV. Empereur de France, Roi de Navarre, & le Pacha, Dey, Divan & Milice de la Ville & Roiaume d'Alger, Fait à Alger le 24 septembre 1689, in : *Corps Universel Diplomatique du droit des gens, contenant un recueil des traitez d'alliance, de paix, de treve* par M. J. Du Mont, à Amsterdam chez P. Brunel, R. et V. Wetstein et G. Smith ; à La Haye chez P. Husson et Charles Levier, tome VII, volume II, 1731, p. 239.

Cette fois-ci, le traité différait de ceux qui l'avaient précédé, dans la formulation même des termes de l'échange de prisonniers :

> « pour parvenir à ladite Paix, il a esté convenu d'un libre rachapt de part & d'autre pour tous les Esclaves sans distinction de prix... ; scavoir les Turcs à cent cinquante écus pour chacun, & les Maures cent, ayant promis ledit Pacha de donner un pareil nombre d'esclaves François au mesme prix[106]. »

Il ne s'agissait plus désormais d'une restitution pure et simple des prisonniers des deux bords. On ne spécifiait nullement que toutes les prises devaient être rendues des deux côtés, et l'on expliquait bien qu'il s'agissait d'un rachat, le traité fixant avec précision la valeur de chacun (finalement, 180 piastres pour les turcs de Marseille, et 100 pour les esclaves français d'Alger).

Qu'elle soit lue par les uns ou par les autres, la clause pouvait en tous cas donner lieu à diverses interprétations, dont chacun se servirait. Elle allait surtout permettre aux Français, qui souhaitaient avant toute chose garder le plus grand nombre de turcs des galères, et qui se souciaient fort peu du sort de la plupart des esclaves français d'Alger, de décider de l'identité et donc du nombre de turcs libérés, dont le ministère serait ainsi le seul à décider, et non les Algériens.

Cela dit et une nouvelle fois, les deux parties s'affirmaient d'un optimisme déroutant lorsqu'elles prétendaient décréter, une paix « de cent-ans », alors que la précédente n'avait pas vécu plus de cinq années.

A dire vrai, personne ne se faisait d'illusions sur la solidité de ce nouvel accord même révisé à la baisse liant les deux alliés devenus ennemis jurés en Méditerranée. Le préambule au traité lui-même, comme ceux qui l'avaient précédé, expliquait une nouvelle fois qu'

> « il auroit été résolu de part & d'autre de rétablir, & même de conserver & maintenir à l'avenir une bonne Paix[107] »

en usant du même conditionnel dont on s'était toujours servi. Qu'elle fût ironique ou pas, qu'elle se comprît au premier ou second degré, la formulation, déjà employée en 1666 et 1684, en disait long sur la

---

[106] *Ibidem*
[107] *Ibidem*

suspicion réciproque qui depuis le début de cette histoire, habitait les deux parties.

L'acceptation des termes du nouvel accord ne devait peut-être pas être aussi évidente qu'il n'y paraissait à entendre les congratulations de chacun envers les autres, car il fallut s'y prendre à plusieurs fois avant d'en valider la teneur.

Il avait fallu de nouvelles navettes avant qu'on finisse par s'entendre à titre au moins provisoire. Ces navettes arrangeaient bien les Français, d'abord parce qu'elles leur permettaient de gagner du temps, ensuite parce qu'à chaque fois, elles leur donnaient l'occasion de recueillir, contre l'avis des Algériens qui en avaient fait l'un de leurs principaux griefs, des esclaves français fugitifs qui gagnaient les bateaux à la nage. Vu d'Alger, les Français venaient tout simplement, sous couvert de la paix, ravir les plus possible d'esclaves à leurs propriétaires du lieu. Ces « fuites à bord » étaient restées depuis 1684 l'un des principaux points de désaccord entre Français et Algériens, ceux-ci reprochant aux premiers de les encourager et demandant qu'ils leur soient restitués.

On se méfiait de l'envoyé du *dey* qui exprimait des prétentions considérées comme exagérées (comme celle de demander de nommer Lemaire consul) et qu'on soupçonnait de jouer double jeu en cherchant l'appui de Jacques II d'Angleterre. Le *dey* Chabane déclarait un moment refuser le traité, pour la raison, jugée curieusement déplacée par les Français, qu'il n'avait pas encore été traduit en turc. De l'autre côté, on traînait comme d'habitude à rendre le peu de turcs identifiés comme tels. Le ministère avait même essayé d'en subordonner la remise à une déclaration de guerre de la régence à l'Angleterre. En vain.

Ce n'est finalement qu'en décembre 1690, soit plus d'un an après, que le traité de paix et de commerce du 24 septembre 1689 serait ratifié par toutes les parties. Après une première validation par la régence, assumée par Dusault le 15 décembre 1690, puis celle du 27 par le roi de France, c'est-à-dire Pontchartrain qui avait remplacé Seignelay décédé entre-temps, il faudrait toutefois attendre le 27 avril 1692 pour qu'une nouvelle confirmation fût faite réciproquement à Alger avec échange des prisonniers, toujours sous les auspices de l'incontournable Dusault, agissant comme le véritable représentant du roi de France.

Renvoyé en mai 1691 à Alger accompagner le retour de Mehemet el-Emin Effendi, des rédempteurs et de quelque 31 turcs sur les 257 d'une liste nominative établie par le *diwan* pour être échangés contre 452 Français, Dusault avait en effet repris du service. A l'entendre, les 257 turcs réclamés par le *dey* pouvaient être rendus, puisque remplacés à la rame par autant de Français passés à l'ennemi et pris sur une galère vénitienne. Au bout du compte, l'accord était finalement signé, et l'échange de captifs scellé en plusieurs vagues durant l'année 1692. Il faut dire que c'est alors la guerre en Europe qui prend tout le temps et l'intérêt de Louis XIV, aux yeux duquel les turcs des galères ne comptent plus guère. Vauvré, l'intendant de marine à Toulon allait beau freiner comme à son habitude la restitution de la cinquantaine de nouveaux galériens réclamés par Alger et promis par Dusault, et le *dey* s'y prendre à plusieurs fois avant de relâcher les quelque 200 captifs français encore présents à Alger, l'affaire était cette fois-ci conclue.

En apparence du moins.

Le début de la fin de la course

Il est faux d'affirmer, comme ce fut le cas sur le moment et comme l'ont fait les historiens qui se sont succédé par la suite, que le traité « pour cent ans » de 1689 fut cette fois-ci globalement respecté. Rien n'avait d'évidence changé du système économique de la course, en tous cas pas la volonté de chacune des parties de prétendre en imposer à l'autre ni celle de Louis XIV de ne pas rendre à Alger ses « turcs ». Entre navires des deux bords, les accrochages anodins continuaient d'agrémenter la chronique navale du moment. L'obligation du passeport à laquelle les embarcations devaient se soumettre donnait l'occasion de nombreux « contrôles » pas toujours naïfs qui se concluaient souvent par la prise de marchandises, plus que de captifs. Mais comme des deux côtés, et en tous cas chez ces « Messieurs du commerce de Marseille », on savait bien que nul n'avait intérêt à ce que le vase débordât, il n'y eut plus désormais d'épisodes guerriers.

La chronique des relations entre la régence et les Français durant les dernières années du règne de Louis XIV reste quand même marquée par le sempiternel conflit latent créé par les réticences de la France de rendre la totalité des prisonniers « turcs » des galères.

Chaque fois que les modalités concrètes de l'échange des prisonniers vinrent en discussion, la mauvaise volonté de Louis refaisait toujours surface. Tous les arguments, des meilleurs jusqu'aux plus mauvais, continuèrent d'être tour-à-tour ressassés afin de limiter l'importance des restitutions aux Algériens. Sans jamais réussir à convaincre personne sans doute, mais en s'efforçant chaque fois de gagner du temps. Prolongeant, par des navettes qui s'éternisaient, les discussions sur ce qui devait donner son contenu à la paix signée. Justifiant ainsi les attaques sporadiques que se livraient dans le même temps les corsaires des deux bords et, au bout du compte, le commerce des marchandises prises qui s'avérait lucratif à chacun. Il y avait certes bien des canonnages intempestifs dont on se reprochait des deux côtés la responsabilité. Mais c'était pour se jurer aussitôt qu'on ne recommencerait plus. Une sorte de routine, apparemment bien comprise.

Le *dey* ne cesserait pas ses réclamations de galériens, le plus souvent enrobées d'une politesse déférente l'autorisant à réclamer des gestes plus personnels (par exemple la remise d'un turc promise à un ami, ou un navire à la gestion duquel il était intéressé), parfois même de façon plus appuyée jugée arrogante.

A maintes reprises, Hadj Chabane dut, dans ses longues lettres, se plaindre auprès du roi ou du ministre (d'abord Seignelay puis Pontchartrain) de ce que son ami Français

> « ayant une conduite différente et d'autres manières d'agir, donnoit les mains aux intrigues injustes qui lui estoient proposées par des flatteurs, sans faire reflexion que ces actions n'estoient pas de mise dans le marché de l'autre vie. Il demandoit injustement et insoutenablement, avec des rigueurs insoutenables, la restitution de tous les Esclaves François, pendant qu'il refusoit de restituer nos Frères Musulmans, disant qu'ils estoient nécessaires pour les galères & autres malhonnestetés[108]. »

En repoussant l'échéance de remise des « turcs » aux Algériens, la France contribuait ainsi à faire de l'échange des prisonniers un

---

[108] Lettre du dey d'Alger au comte de Pontchartrain, secrétaire d'Etat à la Marine, du 29 octobre 1691 ; transcrit dans : Plantet (Eugène) Edit., *Correspondance des deys d'Alger avec la Cour de France 1579-1833*, Paris, Félix Alcan, 1889, pp. 344-345.

processus qui tendait à ne pas avoir de fin, puisque cela servait dans le même temps de justificatif à la régence pour que la course reprît, et fît donc de nouveaux captifs français. A chaque fois qu'un contingent de restitutions était opéré, les conditions étaient en même temps créées pour que l'effectif des prisonniers rançonnables accumulé par chacun se reconstitue. L'approvisionnement en turcs des galères françaises passait nécessairement par la perte de navires commerciaux saisis par les corsaires d'en face.

L'échange du 7 mars 1692, portant finalement restitution de 219 turcs contre 435 captifs français, sur lequel la plus grande publicité avait été faite par la France, était censé devoir être le dernier. Mais les réticences de Louis à se séparer de ses « turcs » était telle qu'il faudrait attendre 1698 pour qu'on y mît un terme à peu près effectif ; et encore n'est-on pas certain qu'on n'en ait pas oublié au passage une partie peut-être plus importante qu'on ne l'a dit.

En mai 1695, le *dey*, qui ne se sent pas prêt d'affronter une nouvelle descente française, prend les devants. Un nouvel ambassadeur extraordinaire, Soliman Boulouk Bachi, est envoyé fin-juin 1695 à la cour de France, exiger la libération des derniers « turcs » des galères, dont le nombre, selon Alger, approcherait alors des 300. Présenté à une audience à Versailles le 22 août, il essaiera à plusieurs reprises jusqu'en novembre, et en vain, de faire valoir ses demandes de restitution de galériens, dont une nouvelle liste nominative d'une centaine a été dressée. Louis XIV, qu'irritent les intrigues et autres pressions exercées par les Anglais, cherche, encore et toujours, à tergiverser. Dusault, qui a été nommé pour faire office de médiateur et auquel on a donné les pleins pouvoirs, accompagne le diplomate et visite avec lui les arsenaux de Marseille et de Toulon. Tous deux reviennent en France de février 1696 à février 1697. En juin 1696, un petit contingent de galériens est libéré, qui ne répond qu'imparfaitement aux demandes d'Alger, puisque le roi a déclaré ne pas vouloir rendre plus d'une dizaine de ces « turcs », en réponse à une demande d'Alger de 261 galériens d'après un état dressé par le *diwan* à la même date... Un nouvel envoi, qui ne répond qu'imparfaitement encore aux demandes d'Alger, est fait en avril 1697.

Dusault est tout de même poussé à conclure, puisque Louis cherche à rétablir les relations avec le *dey*. Un nouveau consul, le dénommé Durand, un négociant marseillais nommé par la chambre de commerce (et non plus semble-t-il par le *dey*, pour une fois), arrive à Alger le 19 février 1698, et dans la foulée, un nouvel accord, confirmant le traité de 1689 dont il reprend tous les articles, est quand même signé le 4 mars. Cette fois-ci encore, la « Convention conclue entre le sieur Dusault et le Divan d'Alger par laquelle toutes prétentions demeurent finies » est censée clore la controverse sur l'échange des derniers prisonniers. Ce qui n'empêche pas de nouvelles discussions lors d'un nouvel échange en mai 1698.

Lorsque cet énième traité de paix et de commerce, sur lequel personne ne s'est trop appesanti, est signé, Dusault a déjà perdu la confiance du roi. Empêtré dans le conflit qui l'oppose alors aux autres intéressés de La Calle, il cherche désespérément des fonds pour se renflouer et payer ses dettes. Le ministère lui reproche en vrac de s'enrichir des transactions qu'il conduit, de perdre un temps précieux à négocier avant de céder aux caprices du *dey* (comme lorsqu'il a pris sur lui de décider de restituer les esclaves fugitifs qui profitaient de la présence de bateaux français présents en rade d'Alger pour se faire la malle avec la complicité encouragée des capitaines), et surtout d'avoir échoué à faire en sorte que le *diwan* déclare la guerre à l'Angleterre. Il est mis à la retraite en mars 1700 (une retraite certes dorée puisqu'il bénéficierait par décret royal d'une pension annuelle de 1 200 livres pour services rendus), et est remplacé par son neveu, chargé du comptage des turcs restés aux galères de Marseille.

Le courrier administratif du moment, de même que les gazettes les plus au fait des derniers développements mondains n'ont semble-t-il pas gardé souvenir du nombre de Français encore détenus par le *dey* ni de celui des « turcs » effectivement rendus. On peut raisonnablement penser qu'il existait encore, aux rames des galères françaises et dans les geôles algéroises, une centaine de ceux qui auraient dû faire partie du marché, mais dont personne désormais ne se souciait plus. Des turcs encore aux galères et réclamés par la régence, le ministère n'en retiendrait que 14 en juin 1708, et dix, pas plus, en 1714. En mars 1711, il n'y en avait d'ailleurs officiellement plus sur les listes de la France, alors qu'en juin de la même année, ne restait à Alger que 15 esclaves français, dont trois étaient des chevaliers de Malte et aucun n'était détenu. Et encore, la sempiternelle navette entre Marseille et

Alger ne s'arrêterait pas pour autant ; elle allait même continuer jusqu'au début du XIXe siècle…

La vie continuait donc à Alger comme de coutume, avec ses hauts et ses bas, comme si rien ne s'était passé, comme si l'on était revenu à la case départ. Entre les *dey* et les consuls, les relations restaient faites de la même succession de cadeaux et de brimades, amplifiée chaque fois par les intrigues locales tissées chez les protagonistes des deux parties. Habilement mis en concurrence par des *dey* avides et peut-être soucieux de renflouer le trésor de la régence, Français, Hollandais et Anglais n'avaient de cesse de se contrarier et d'augmenter leurs cadeaux.

Ainsi Le Maire, le consul laissé à Alger au départ de Marcel en 1690, aurait-il toujours à se méfier de la volonté du *diwan* de le mettre au pas. Pourtant, s'il quitta bien son poste en catastrophe le 30 avril 1697, sur *L'Heureux Retour* (ça ne s'invente pas), ce fut mis par Dusault, qui espérait le voir remplacé par un parent à lui, d'abord par son cousin Lalande de la compagnie du Bastion de France, ensuite par son frère docteur en Sorbonne. En son temps, le même Dusault avait pour les mêmes raisons, prétendu régler le sort des consuls Sorhainde et Mercadier, suspectés de faire le jeu des intérêts du *dey* et comme tels limogés, le second emprisonné même pour traitrise.

Que l'on soit arrivé à ne pas se faire la guerre tenait finalement à plusieurs considérations.

La première est à rechercher dans l'équilibre qui s'était défini par expérience dans les relations entre les représentants des deux parties. A force de discuter en même temps de guerre et de paix, la diplomatie avait pris ses habitudes, celles qui permettaient d'entretenir une sorte de *statu quo* facilité par la prise de pouvoir en 1689 de la milice sur la *taïffa* des *raïs*. Désormais, chaque fois qu'une mésentente survenait entre les deux parties, la France aurait à discuter avec des *dey* plutôt pacifistes.

Le ministère des Pontchartrain, qui avait succédé à celui des Colbert, mettait pour sa part en avant la personnalité même du premier négociateur français. Lui, le sieur Dusault donc, se serait bien vu en une sorte de vice-roi de l'Algérie, qu'il connaissait c'est vrai un peu mieux que les autres. Il garderait jusque dans les dernières années du siècle l'oreille du roi dont il entendait bien profiter de façon plus concrète, en s'enrichissant à la fois du comptoir et du consulat.

Jusqu'ici, les négociateurs avaient toujours fini par se faire critiquer par le ministère, surtout sous Colbert qui leur reprochait de trop bien s'entendre avec un *dey* dont il fallait au contraire se méfier. Trubert le premier, n'avait obtenu qu'en partie, après maintes demandes et plusieurs navettes à Alger, la bourse qui lui aurait permis de racheter tous les prisonniers convenus aux termes du traité de 1666. De la même façon Hayet était fortement suspecté, tout comme le père Le Vacher, de s'être entendu avec Baba Hassen puis avec Mezzomorto, cédant ainsi aux exigences de l'ennemi. C'est du reste pour cette raison qu'on avait fait appel à Dusault qui avait fait une entrée remarquée sur la scène des discussions.

Lui, Dusault, n'hésitait pas à se présenter tour-à-tour comme envoyé de Louis XIV et du *dey* d'Alger, et se glorifiait de tout ce qu'il entreprenait, arrivant à se rendre quasi indispensable. Il faut dire qu'il venait avec son argent, dans lequel il avait suffisamment puisé pour relancer le Bastion et dont on pouvait faire des cadeaux de nature à amadouer les Turcs. Il s'était sans nul doute fait leur ami, mais il pesait d'un poids qui lui évitait d'être tenu pour quelqu'un qui leur cédât volontiers. A Versailles, on tenait ce qu'il disait des autres pour vrai, quand à Alger, on le laissait discuter comme il l'entendait. Son discours cadrait bien en fait avec l'ambiguïté entretenue par les deux parties sur les conditions de l'échange des prisonniers, le politiquement correct du moment. Et comme, sans vivre directement de la course, il n'était pas non plus de ceux qui en souffraient puisqu'il était l'un des premiers à s'en enrichir, les choses pouvaient aller de l'avant c'est-à-dire continuer comme avant. Sans faire nécessairement de vagues. Jusqu'à ce que la banqueroute de sa compagnie du Bastion ne lui fasse perdre tout mérite aux yeux du ministère. Mais quand même et en gros, Dusault recherchait la paix avec Alger.

Cela dit, si l'on n'est pas arrivé à une nouvelle guerre, c'est surtout que la course était déjà en régression manifeste.

A la fin du long règne de Louis XIV, la situation à la fois commerciale et militaire en Méditerranée occidentale, n'est plus la même que celle à laquelle le royaume de France et la régence d'Alger se confrontaient au début de cette histoire. L'extension des guerres en Europe et les défaites françaises successives ont écarté les conflits de la zone. Bien que toujours présente, la course a trop diminué d'importance pour continuer de représenter un risque pour le commerce. Avec la diminution des prises, l'effectif des esclaves à restituer de part et d'autre s'est stabilisé à un nombre jugé raisonnable autorisant des rachats au coup par coup. Sans nécessairement avoir à se déclarer la guerre.

Si les écrits n'ont certes pas cessé, selon la rhétorique habituelle, de s'offusquer des prises de navires et d'esclaves chrétiens qui seraient toujours le fait de « pirates » barbaresques, le rançonnement et du coup la course d'Alger, sont devenus, dans les faits, l'exception, à un moment où le grand négoce maritime méditerranéen s'est déjà déplacé vers les échelles du Levant, qui représentent un marché autrement plus grand que la seule Afrique du Nord.

Un premier baromètre de cette évolution est à rechercher dans l'évolution de l'effectif de la flotte de la régence d'Alger. Forte de près d'une centaine de navires de toutes tailles au début du XVIIe siècle, et encore d'une cinquantaine de bâtiments au début du règne personnel de Louis, elle s'est réduite à moins d'une trentaine, et encore, à la mort du roi. Et c'est sans compter sur la décroissance spectaculaire de la course des privés, ceux n'ayant pu passer à de grosses embarcations rondes ayant tout simplement décroché. Peut-être un rien fanfaron, Tourville estimait en 1687, au moment où se discutait l'opportunité d'envoyer une escadre pilonner Alger, qu'il lui suffirait d'une douzaine de bons vaisseaux pour mettre fin aux attaques barbaresques.

Un second indicateur de la régression de la course est fourni par l'importance de plus en plus manifeste prise par une nouvelle forme de conflit, celle des guerres de pillage contre les voisins tunisien et marocain.

Au début de l'année 1693, le *dey* Hadj Chabane, déjà contesté par les janissaires, se forge à usage interne une réputation de héros en écrasant à sa frontière occidentale l'armée du sultan. Puis en juin 1694, il n'hésite pas à attaquer Tunis, dont il s'approprie le trésor, ramené dit-on à Alger en février 1695 par une caravane de 120 mules chargées d'or et d'argent provenant du pillage de la ville. Comme les Marocains, les Tunisiens ne se rendent pas aussi facilement, mais à plusieurs reprises jusqu'en 1715, un message clair leur est donné de cesser toute velléité de revenir faire la loi à Tlemcen et à Constantine, comme ils le pensaient sans doute. Sous Hadj Chabane, mais plus tard aussi avec les *dey* Hassen Chaouch, puis Hadj Mustafa, la stratégie consistant pour la régence d'Alger à déplacer les conflits vers ses voisins immédiats auxquels on livre une véritable guerre de pillage, continue d'être au centre des préoccupations du *diwan*. A Alger, on compte moins qu'avant sur la course et sur les *raïs* pour alimenter le trésor, tout en s'abritant derrière l'absence du *dey* (parti aux fronts) pour ne pas donner suite aux plaintes des Français victimes d'attaques.

Jusque dans les années 1700, une guerre larvée perdurerait entre Alger et Mourad Bey d'un côté et de l'autre Moulay Ismaïl, se traduisant à chaque intervention par une victoire de la régence assortie d'un pillage en règle des vaincus.

A plusieurs reprises, comme par exemple en septembre 1703, mais aussi durant les années suivantes, on a semble-t-il quelques difficultés à payer la milice, et il faut bien trouver d'autres solutions pour se renflouer, et en même temps attirer ailleurs l'attention des janissaires. Le pillage lors des guerres avec les voisins peut permettre à la milice de rendre patience. Mais à chaque fois aussi, les navires des *raïs* sont réquisitionnés pour convoyer au front les troupes de la régence, ce qui contribue à accentuer encore la perte de leurs profits générés par la course qu'ils ne font alors plus.

Conséquence de cette régression de la course, les *raïs* ont perdu une grande partie du pouvoir qu'ils avaient gagné depuis 1671 sur les janissaires. N'alimentant plus les finances du *deylik* au niveau auquel on s'était habitué, la *taïffa* n'est désormais plus en mesure d'exercer un poids politique déterminant. La fuite de Mezzomorto en 1688 a ouvert la voie à une reprise du pouvoir par la milice, reprise qui était déjà bien amorcée par la nomination comme *dey* en 1686 de l'*agha* des janissaires Ibrahim. Les assassinats successifs, par la milice, des *dey* Hadj Chabane en 1695, Hadj Mustafa en 1705, Mohammed Begtache en 1710, et du neveu et successeur de celui-ci, Dely Ibrahim en 1710, l'attestent suffisamment. Et c'est sans compter comment les autres *dey*, ceux qui, eux, ne se sont pas fait exécuter, sont restés quand même complètement dépendants des janissaires qui détenaient désormais le pouvoir de fait. Une tentative des *raïs* de reprendre le dessus en dénonçant la connivence avec l'ennemi de la France, suspectée de vendre des armes au Maroc et à Tunis, n'eut aucun effet.

A Alger, les problèmes intérieurs, accentués par une épidémie chronique de peste, étaient devenus plus urgents et plus difficiles à régler. Après une courte période de stabilité politique correspondant au règne de Hadj Chaban, la succession rapide des *dey* traduisait la difficulté d'assurer un approvisionnement régulier et suffisant des finances de l'Etat.

Les années 1700 resteraient marquées par les difficultés croissantes d'assurer le paiement des janissaires. Il faut dire que la régence pouvait moins compter qu'elle ne l'avait fait par le passé sur les exportations de blé, les emblavures ayant fortement diminué dans les zones, traditionnellement productrices de l'Est et de l'Ouest, affectées qu'elles étaient par les combats contre les Marocains et les Tunisiens. Elle ne pouvait plus continuer de s'approvisionner en agrès et autres munitions, en les échangeant contre des grains. Elle pouvait d'autant moins le faire par crainte de ce que ces livraisons à l'étranger n'entraînent une pénurie locale, traditionnellement génératrice de soulèvement de la milice dont les *dey* faisaient le plus souvent les frais. La seule solution consistait à signer des accords qui l'empêcheraient de faire la guerre à ses voisins, qu'ils soient français, anglais ou hollandais.

En France, la régence du duc d'Orléans s'affichait pacifiste, et sur nombre de questions, prenait le contre-pied de Louis XIV. Inquiète du rapprochement français de l'Angleterre, Alger remettrait en 1720 sur la table l'affaire toujours pendante des turcs de Marseille. On s'entendrait alors sur un nouvel échange de captifs qu'on prétendrait une nouvelle fois le dernier qu'il ne serait pas, ce dont les Marseillais n'avaient désormais cure, tout occupés qu'ils étaient par leur commerce au Levant. Il faut dire aussi que les galères avaient, depuis quelques années déjà, perdu leur intérêt au service du prestige du roi.

On était déjà entré dans un autre monde.

Monsieur le Comte de Tourville, Vice-Amiral et Maréchal de France
à Paris, chez A. Frommain, 1696.

Les Corsaires de la Mer Mediterranée reprimez par les armes victorievses de Sa Majesté le mois de Juillet 1688
à Paris, chez Gérard Jollain, 1688.

Guerre ou paix, ou les deux à la fois ?

De 1661 à 1698, la flotte française du Levant s'est donc retrouvée à au moins neuf reprises devant Alger, sans réussir à rendre raison aux corsaires de la régence, ni même à signer - et par cinq fois - autre chose qu'une paix boiteuse. Piètre résultat sans doute, pour un si grand bruit.

Pour comprendre la récurrence de ces affrontements franco-algériens de la seconde moitié du XVIIe siècle, il convient quand même de garder à l'esprit ce qui donnait alors sens aux relations entre les deux pays.

Il faut bien se rappeler d'abord que les belligérants avaient tous deux un intérêt semblable à ce que la course puisse perdurer.

Au-delà des discours haineux envers l'autre, au contraire des objectifs que chacun proclamait être les siens (faire stopper les prises pour les Français, restituer les prisonniers mis aux galères pour les Algériens), il s'agissait de faire en sorte que les arraisonnements continuent de part et d'autre à un niveau supposé « raisonnable », c'est-à-dire capable d'enrichir le trésor d'Alger et de pourvoir aux besoins en rameurs de l'arsenal de Marseille, sans nuire pour autant au commerce dont profitaient les marchands, et donc l'économie, des deux pays.

L'équilibre en question restait sans doute difficile à trouver, ce qui explique qu'on ait pu périodiquement se taper dessus, mais sans conclure, puisque ce faisant, on aurait dérangé trop d'intérêts. Lorsque le temps était venu de négocier, chacun à sa manière faisait traîner les discussions, en s'abritant derrière l'imprécision d'une traduction dont les interprètes des deux parties étaient passés maîtres. Même les fautes et autres gaffes sémantiques étaient institutionnalisées. On ne pouvait pas, on ne devait pas, aboutir à un accord clair, puisqu'il n'était pas question de toucher aux conditions qui justement devaient conduire à y revenir de nouveau. Tout le monde avait intérêt à continuer la course. A quoi servait-il qu'on se reprochât de la faire, et même qu'on décidât d'un commun accord de ne plus désormais la continuer ? Qu'on se tapât dessus ou qu'on se réconciliât, l'essentiel était bien de ne rien trop changer de cet équilibre par nature instable.

La France n'était pas le seul pays à disputer à la régence le droit d'arraisonner les navires croisant dans la zone. Chacun à son tour, à des périodicités et intensités diverses, l'Espagne, puis l'Angleterre et enfin les Provinces-Unies, pour ne parler que des plus importants, venaient également bombarder Alger, peut-être moins fortement et moins souvent que les Français, mais quand même. Ces pays, qui se battaient également en Europe contre la France, et qui, comme la France, étaient représentés sur place par des consuls, avaient envers la régence les mêmes intérêts, et donc les mêmes griefs, qu'ils exprimaient de la même façon.

Le *dey* trouvait dès lors opportunité à mettre tout ce beau monde en concurrence, faisant monter les enchères. Entre 1676 et 1688, le calme relatif intervenu entre la fin de la guerre de Hollande et le début de celle de la ligue d'Augsbourg s'est avéré propice aux interventions contre Alger de la France, mais également du Royaume-Uni et des Provinces-Unies, qui se trouvaient alors comme elle libérés des fronts européens. Prenant conscience de ce qu'elle ne pouvait se battre seule contre les Barbaresques et les Français, l'Espagne, l'ennemi juré d'Alger, avait en effet laissé ses autres ennemis hollandais et anglais entrer en mer Méditerranée. Des traités furent notamment signés entre Alger et les premiers en mai 1680, avec les seconds en avril 1682, avec les mêmes objectifs et la même ambigüité des termes de l'échange.

A chaque fois qu'un accord était discuté, les consuls des autres pays, France en tête, s'affairaient à faire capoter des négociations dont le résultat pouvait s'avérer nuisible à leur commerce. Déjà, au moment de la signature de la paix française de 1666, les Anglais avaient essayé d'empêcher tout accord en colportant des bruits divers, tel celui affirmant que les combats n'avaient pas cessé (ce qui du reste n'était pas complètement faux). De la même façon, durant toute l'année 1680, Dusault n'eut de cesse, mais en vain, de comploter pour faire échouer le traité en cours de négociation avec les Provinces-Unies, traité qui donnait un avantage net au commerce de ce pays avec la régence. Cela n'empêcherait pas Colbert, une fois l'accord signé, de le présenter comme une humiliation, au prétexte qu'il avait été acquis contre l'engagement de payer tribut au *dey* d'Alger et de lui vendre des agrès et de la poudre, ce dont ne se privaient pas les Français eux-mêmes qui se découvraient ainsi un redoutable concurrent. Vue à cette échelle, la perte des positions commerciales correspondantes, accentuée encore par la signature en avril 1682 d'un traité du même type avec la Grande-Bretagne, cette fois-ci, pouvait à elle seule expliquer la décision de venir bombarder la ville blanche. Ce rapprochement successif entre le *dey* et les Provinces-Unies et l'Angleterre pesa sûrement plus qu'on l'a dit dans l'origine de la guerre franco-algérienne, comme on l'a appelée par la suite.

Curieuse saga que celle des relations entre deux pays, la France et la régence d'Alger, dont la signature périodique de traités de paix et de commerce rappelait l'alliance, et qui n'hésitaient tout de même pas à se livrer une guerre permanente. Compte tenu de l'intérêt commun - et finalement bien compris par chacun - qu'avaient ces pays à ce que perdure la course (en bref la recherche de prisonniers à rançonner et le fait de pouvoir commercer avec l'autre), on se doute bien que l'équilibre trouvé entre ces divers temps calmes et belliqueux ait pu bénéficier aux deux parties. Que cette drôle de guerre franco-algérienne, et qui en était bien une puisqu'on faisait de temps en temps la paix, n'ait produit ni vainqueur ni vaincu, ne doit dès lors pas surprendre. Dans de telles conditions, il n'était pas concevable que l'un des deux puisse imposer sa loi à l'autre. De cette sorte de paix armée, personne ne devait sortir gagnant, en tous cas pas sur l'autre.

Pas la France, sans doute, contrairement à ce qu'affirment alors les gazettes officielles dont on ne peut attendre que des louanges du roi. A usage interne, les commentateurs français du moment peuvent bien aller répétant que, quels qu'en soient les résultats, cette guerre n'est pour Louis qu'une question secondaire, le lion ne se souciant nullement d'être importuné par les moucherons dont parle justement un contemporain. Les exemples abondent de cette prose vantant la gloire de la France écrasant la barbarie (avec ou sans majuscule, c'est selon). Pour peu, on n'aurait même pas à dire qu'on a gagné, tant ce ne peut être qu'évident.

« Ce n'est point icy une Guerre d'interest pour le Roy »

rappelle ainsi le *Moniteur galant* à l'automne 1682 après le premier retour, pas du tout glorieux, de Duquesne.

« La Conqueste d'Alger n'agrandira point ses Estats en luy en donnant qui luy sont dûs ; mais lors qu'il jure la ruine de cette Place, il vange ses Sujets qui trafiquent, quoy qu'il n'ait rien dans leur Trafic. Il fait plus ; il oblige tous les Negotians de la plus grande

> partie de l'Europe ; & sa bonté & sa justice qui ne sçauroient souffrir de Pyrateries, l'engagent à vanger un nombre infiny de Gens interessez dans le Commerce, que ces Voleurs publics tiennent en de perpetuelles alarmes[109]. »

Autre exemple parmi des centaines d'autres, le pédant chevalier d'Arvieux n'a pas de mots assez durs pour fustiger

> « la grossiereté & l'impolitesse de ces gens qui semblent traiter de pair avec l'un des plus grands Monarques du monde... dans un Païs où les Traitez, les paroles, les raisonnemens, les promesses, les menaces, tout se trouve en defaut[110]. »

Mais pour protéger le commerce marseillais d'ennuis fortement exagérés par les discours, combien a-t-on dépensé en livres tournois? En coût des escadres, d'abord, sûrement des millions, peut-être en tout entre 10 et 20. En bombardements ensuite, ceux de Duquesne ayant à eux seuls coûté dans les 25 millions de livres. En marchés perdus enfin, et il y en avait sûrement pour beaucoup plus encore, bien plus en tous cas que ce dont les intéressés en question se plaignaient d'avoir été volés par les « pirates » d'Alger. Au moment où les moyens devaient se concentrer sur les cibles militaires prioritaires en Europe, et à bien considérer le gain, même symbolique, qu'on pouvait tirer de la mise au pas de la régence, le jeu en valait-il la chandelle ?

Alger a certes pu fournir une base d'expérimentation de nouveaux armements, comme ce fut le cas notamment avec les galiotes à bombes, et ainsi contribuer à la montée en puissance de l'armée navale du roi. Peut-être que toutes ces croisières et autres bombardements n'étaient en fin de compte que des sortes d'exercices d'entretien de la flotte du Levant, que Louis voulait montrer le plus possible. Peut-être aussi qu'elle dût être mise en exercice permanent, dans la perspective qu'elle pût un jour servir en appui à celle du Ponant, où les enjeux militaires et politiques, étaient autrement plus importants.

---

[109] *Relation de tout ce qui s'est passé touchant la guerre d'Alger, depuis que les Algériens ont rompu la paix*, Moniteur galant, octobre 1682, 1ère partie, pp. 291-292.
[110] *Mémoires du chevalier d'Arvieux, envoyé extraordinaire du Roy*, par le R.P. Jean-Baptiste Labat, à Paris, chez Charles-Jean-Baptiste Delespine, 1735, tome cinquième, p. 187.

En tous cas, les destructions entraînées par les pilonnages successifs de la zone portuaire d'Alger n'étaient finalement que peu de choses, comparées aux ravages causés dans le même temps par la peste des années 1690, qui avait décimé en moins de dix ans plus de 40 000 habitants d'une ville qui en comptait peut-être deux fois plus, ou à ceux résultant du séisme des 3 et 26 février 1716, qui en tuerait plus de 23 000 et qui mettrait - dit-on - par terre près des deux-tiers des maisons de la ville. Avec à chaque fois une centaine au pire de maisons détruites et quelques navires coulés, les attaques françaises, pour spectaculaires qu'elles aient été, n'avaient fait qu'effleurer Alger. Sans qu'il en coûtât beaucoup à la reconstruire. Plutôt un échec, donc.

Cela dit, il ne faut pas croire pour autant que la régence ait gagné quoi que ce soit à cette rivalité qu'elle s'était amusée à entretenir. Car d'un autre côté, Alger a au contraire perdu beaucoup dans cette affaire.

D'abord, les bombardements de la ville basse ont nécessité, pour s'en défendre, de se tenir armé en permanence. Il a fallu maintenir sur pied de guerre les janissaires, qui se trouvaient dès lors détachés du service du recouvrement des impôts. Dans le même temps, les prises et autres transactions commerciales se voyaient ramenées à la portion congrue, et beaucoup de celles qui par chance pouvaient avoir lieu profitaient du chaos ambiant pour s'affranchir de leur devoir de payer les taxes prévues. L'alimentation du trésor en souffrait d'autant.

Ensuite, la récurrence presque prévisible des interventions françaises a été pour la régence un facteur d'instabilité politique. En exacerbant les rivalités entre la milice et la *taïffa* des *raïs*, elle a entretenu le rythme des révoltes périodiques et empêché que le *dey* ne disposât d'une autorité plus importante qui lui aurait été bien utile en phase de négociation. En obligeant Alger à des accords avec l'Angleterre et les Provinces-Unies plus avantageux pour la partie adverse qu'on l'a dit, ce climat guerrier a diminué le pouvoir du *diwan* à un moment où la régression de la course commençait à se faire sentir.

Car enfin, si les croisières et autres bombardements français n'ont pas réussi à supprimer la course, puisqu'au contraire Louis s'attachait par ailleurs à empêcher toute sorte de paix, ils ont contribué quand même à en précipiter le déclin.

Pour Alger, un échec aussi, en somme, même si chaque fois, le *dey* n'hésitait pas à se vanter d'avoir fait reculer les Français auprès de janissaires venant lui demander des comptes.

Des accords franco-algériens du XVIIe siècle, sorte de pacte validant des deux côtés le recours à la course que pourtant ils étaient censés interdire, personne ne pouvait sortir gagnant ni perdant.

Cives a piratis recuperati, Algeria fulminata 1683
« les citoyens récupérés des pirates, l'Algérie foudroyée »
cuivre, par Jean Mauger, Paris, s.d. (*circa* 1684)

Bibliographie

Textes des XVIIᵉ et XVIIIᵉ siècles
(par ordre chronologique)

Ouvrages

Les Cruautés exercées sur les Chrétiens en la ville d'Alger, par J.B. Grammaye, à Paris, chez R. Feugé, 1620.

Relation des voyages de Monsievr de Breves, tant en Grèce, Terre-Saincte et AEgypte qv'avx Royaumes de Tunis & Arger, à Paris, chez Nicolas Gasse, 1628.

Histoire de Barbarie et de ses corsaires, des royaumes et des villes d'Alger, de Tvnis, de Salé, & de Tripoly, par le R.P. Fr. Pierre Dan, à Paris, chez Pierre Rocolet, 1637 ; rééd. 1649.

Description generale de l'Afriqve, seconde partie dv monde, avec tous ses Empires, Royavmes, Estats et Repvbliques, faicte par Pierre d'Avity, à Paris, chez Clavde Sonnivs, 1637.

Relation de la Captivité & Liberté dv sievr Emanuel d'Aranda, Iadis esclaue à Alger, à Bruxelles, chez Jean Mommart, 1656 ; rééd. à Paris, chez Jean Clousier,1657 ; rééd. à Bruxelles, chez Jean Mommart, 1662 ; rééd. à Paris, Compagnie des Libraires du Palais, 1665 ; rééd. titre : *Les captifs d'Alger*. Paris, éditions Jean-Paul Rocher, 1997.

Projet pour l'entreprise d'Alger, *in : Recueil historique contenant diverses pièces curieuses de ce temps*, à Cologne, chez Christophre van Dyck, 1666, pp. 1-13.

Relation contenant Diverses Particularitez de l'expedition de Gigery, par M. de Castillan, *in : Ibid.*, pp. 26-58.

Relation succincte de ce qui s'est passé en la Rade et Ville d'Alger en Afrique, depuis l'arrivée du sieur Marquis de Martel, à Paris, chez Sébastien Mabre-Cramoisy, 1670.

Relation des mœurs & du gouvernement des Turcs d'Alger, par le Sieur de Rocqueville, à Paris, chez Olivier de Varennes, 1675 ; réed. Loualich (Fatiha) Edit., Saint-Denis, Editions Bouchène, 2018.

Dialogue de Genes, & d'Algers : Villes foudroyées, par les Armes invincibles de Louis-le-Grand l'année 1684. sl. (Amsterdam) n.ed., n.d. (1685).

Description de l'Afrique, traduite du Flamand, d'O. Dapper, à Amsterdam, chez Wolfgang, Waesberge, Boom & van Someren, 1686.

L'Espion du Grand Seigneur et ses relations secretes envoyées à Constantinople, concernant les evenements les plus considerables arrivés pendant le régne de Louis le Grand, par le Sieur Jean-Paul Marana, à Amsterdam, chez Henri Welstein, 1688.

Histoire des dernières révolutions du Royaume de Thunis et des mouvements du Royaume d'Alger, à Paris, chez Jacques Le Fébure, 1689 ; rééd. 1713.

Histoire du Roy Lovis le Grand Par les Médailles... par le père Clavde François Menestrier, à Paris, chez Jean-Batiste Nolin, 1689 ; contrefaçon hollandaise, à Paris, chez J.B. Nolin, i.e. Amsterdam, P. Mortier, 1691 ; rééd. à Paris, chez Robert Pepie, Jacques Lefèvre et J.B. Nolin, 1693 ; rééd. à Paris, chez J.B. Nolin , J.B. et N. de Ville, 1700.

Histoire de Louis XIV, Roy de France, & de Navarre, Contenant ce qui s'est Passé sous son Regne de plus Remarquable jusqu'à présent, par M. de Riencourt, à Paris, chez Claude Barbin, 1693.

Voyage pour la rédemption des captifs aux royaumes d'Alger et de Tunis, Fait en 1720 par les PP. François Comelin, Philémont de la Motte & Joseph Bernard, à Paris, 1721.

Histoire du Royaume d'Alger, par M. Laugier de Tassy, A Amsterdam, chez Henri du Sauzet, 1725.

Mémoires du Chevalier d'Arvieux, envoyé extraordinaire du Roy à la Porte, Consul d'Alep, d'Alger, de Tripoli & autres Echelles du Levant, par le R.P. Jean-Baptiste Labat, à Paris, chez Charles-Jean-Baptiste Delespine le Fils, 1735.

Lettres critiques de Hadgi Mehemmed Efendy à la Marquise de G*** au sujet des Mémoires de M. le Chevalier d'Arvieux avec des éclaircissements curieux, par A.L.M. Petis de La Croix, traduit du Turc par A. Rengui, Renégat flamand, à Paris, chez Quillau, 1735.

Histoire de Louis XIV depuis la mort du Cardinal Mazarin en 1661, jusqu'à la Paix de Nimègue en 1678, par M. Pellisson, à Paris, chez Rollin fils, 1749.

Histoire des Etats barbaresques qui exercent la piraterie, traduit de l'Anglois, à Paris, chez Chaubert et Hérissant, 1757.

Mémoire concernant le système de paix et de guerre que les Puissances européennes pratiquent à l'égard des Régences barbaresques, par M. le Chevalier d'Hénin, traduit de l'Italien, Venise, chez Formaleoni, 1788.

Traités

Traité entre Monsieur de Guise au nom de Louis XIII. Roi de France & les Députez du Bacha & Milice d'Alger. Fait à Marseille le 21. Mars 1619, in : *Corps Universel Diplomatique du droit des gens, contenant un recueil des traitez d'alliance, de paix, de treve* par M. J. Du Mont, à Amsterdam chez P. Brunel, R. et V. Wetstein et G. Smith, Henri Waesberge & Z. Chatelain ; à La Haye chez P. Husson et Charles Levier, volume V, 1728, partie II, pp. 330-331.

Traité entre les Sujets & au nom de Louis XIII. Roi de France & ceux d'Alger pour le Commerce. Fait à Alger le 19. Septembre 1628, in : *Corps Universel Diplomatique du droit des gens, contenant un recueil des traitez d'alliance, de paix, de treve* par M. J. Du Mont, à Amsterdam chez P. Brunel, R. et V. Wetstein et G. Smith, Henri Waesberge & Z. Chatelain ; à La Haye chez P. Husson et Charles Levier, volume V, 1728, partie II, pp. 559-560.

Traité de Paix entre le Roiaume de France & la Ville & Roiaume d'Alger, du dix-septième May 1666, in : *Corps Universel Diplomatique du droit des gens, contenant un recueil des traitez d'alliance, de paix, de treve* par M. J. Du Mont, à Amsterdam chez P. Brunel, R. et V. Wetstein et G. Smith, Henri Waesberge & Z. Chatelain ; à La Haye chez P. Husson et Charles Levier, volume VI, partie I, 1728, pp. 111-112.

Traitté de Paix et de Commerce Entre les Très-Hauts & Très-Puissants Seigneurs Estats Generaux des Provinces Unies des Païsbas, & le Très-Excellent & Très-Illustre prince d'Orange, d'une part, et les Illustres Seigneurs, Ismaïl Basscha, Hadgi Mahometh Day, Bacha Hassen, Gouverbeur, Aga, le reste de la victorieuse Milice, les grans & les petis de la Ville & du Royaume d'Alger d'autre part, par les soins & l'entre-mise des Sieurs Thomas Hees & Jacob de Paez Commissaire desdits Seigneurs Estats Generaux. Fait le 30 Avril 1679, in : *Corps Universel Diplomatique du droit des gens, contenant un recueil des traitez d'alliance, de paix, de treve, op. cit.*, volume VII, partie I, 1731, pp. 404-406.

Traité fait du consentement du Très-puissant Empereur de France ; entre Nous les très-illustres Bacha, Divan & Milice d'Alger, & le Sieur Denis Dusault auquel nous avons donné permission de s'aller établir au Bastion de France en Barbarie, du vingt-troisième avril 1684. *in* : *Corps Universel Diplomatique du droit des gens, op. cit.*, volume VII, partie I, 1731, pp. 74-75.

Articles de la Paix accordée par le Chevalier de Tourville au nom du Roy de France Louis XIV au Bacha, Dey, Divan, & Milice, Signez le 25. Avril, 1684, à Paris, de l'Imprimerie de François Muguet, imprimeur-ordinaire du Roy, 1684 ; transcrit dans : *Corps Universel Diplomatique du droit des gens, op. cit.*, volume VII, partie I, 1731, pp. 75-77.

Traité de Paix pour cent ans entre Louis XIV. Empereur de France, Roi de Navarre, & le Pacha, Dey, Divan & Milice de la Ville & Roiaume d'Alger, Fait à Alger le 24 septembre 1689, in : *Corps Universel Diplomatique du droit des gens, op. cit.*, volume VII, partie II, 1731, pp. 239-241.

Périodiques

Gazette, puis *Gazette de France* :

La Prise de la Ville, et du Port de Gigery en Barbarie, par les Armées du Roy, sous le commandement du Duc de Beaufort, Général de Sa Majesté, en Afrique, n.d. (1664), n° 103, pp. 837-852.

La défaite des Mavres devant Gigery en Afrique, par l'Armée du Roy, sous le commandement du Duc de Beaufort : avec tout ce qui s'est passé en cette Action, n.d. (1664), n°136, pp. 1111-1122.

Le Combat donné entre les Vaisseaux du Roy, sous le commandement du Duc de Beaufort, & ceux d'Algier, sous le Fort de la Goulette, proche de Thunis : où l'Amiral, le Vice-Amiral, & le Contre-Amiral des Barbares ont esté brulez, & coulez à fonds. n.d. (1665), n° 51, pp. 389-404.

Ce qvi s'est passé en la course des Vaisseaux du Roy, sur la Coste de Barbarie depuis le 26 avril dernier, n.d. (1665), n° 72, pp. 585-596.

Le Combat donné entre les Vaisseaux du Roy, commandez par le Duc de Beaufort, & ceux des Corsaires d'Afrique, sous la Forteresse de Serselles, prés d'Algier, le 24 Aoust 1665, n.d. (1665), n° 110, pp. 901-912.

Relation de ce qvi s'est fait devant Alger par l'Armée navale du Roy, commandée par le Sieur du Quesne, Lieutenant General des armées navales de France, n.d. (1682), n° 98, pp. 667-678.

Relation de ce qvi s'est passé à l'attaque de la ville d'Alger, par l'Armée navale du Roy, sous le commandement du Marquis du Quesne Lieutenant Général des Armées navales de Sa Majesté, n.d. (1683), n° 22, pp. 373-384.

Mercure galant :
Relation de tout ce qui s'est passé touchant la guerre d'Alger, depuis que les Algériens ont rompu la paix, Octobre 1682, Première Partie, pp. 280-348.
Relation de M. de Poincty touchant ce qui s'est passé devant Alger, Octobre 1682, Deuxième partie, pp. 132-169.
Attaque de la Ville d'Alger, par l'Armée Navale du Roy, Juillet 1683, pp. 286-357 et 368-370.
Suite de la relation d'Alger, Aoust 1683, pp. 283-353.
Tout ce qui s'est passé devant Alger, depuis la seconde Relation qui en a esté donnée dans le Mercure, Octobre 1683, Première Partie, pp. 188-251.
Arrivée des Ambassadeurs du Divan d'Alger, Juin 1684, pp. 326-329.
Etat présent du Royaume d'Alger, Juillet 1684, pp. 197-257.
Détail de tout ce qui s'est passé pendant la Négotiation de la Paix d'Alger ; l'arrivée de l'Ambassadeur de cet Etat en France, son Voyage, son Audience, ses Harangues, ce qu'il a dit sur tout ce qu'il a veu dans ce Royaume, son Départ, & les presens qui luy ont esté faits, & à tous ceux de sa Suite, Aoust 1684, pp. 149-266.
Etat des Affaires d'Alger, Février 1688, pp. 188-196.

Etudes historiques ultérieures
(par ordre alphabétique d'auteurs)

Ouvrages
Azundi (Domenico Alberto), *Recherches pour servir à l'histoire de la piraterie, avec un précis des moyens propres à l'extirpation des pirates barbaresques*. Genova, Imprimerie de A. Ponthenier, 1816.
Bachelot (Bernard), *Louis XIV en Algérie : Gigeri 1664*. Monaco, Editions du Rocher, collection « Art de la guerre », 2003 ; réed. Paris, L'Harmattan, 2011.

Bachelot (Bernard), *L'expédition de Gigeri, 1664 : un échec de Louis XIV en Algérie.* Chamalières, Lemme Edit., collection « Illustoria », 2014.

Bamford (Paul W.), *Fighting Ships and Prisons ; The Mediterranean Galleys of France in the Age of Louis XIV.* Minneapolis, University of Minnesota Press, 1973.

Belhamissi (Moulay), *Les captifs algériens et l'Europe chrétienne (1518-1830).* Alger, Entreprise nationale du livre, 1988.

Belin (François Alphonse), *Des capitulations et des traités de la France en Orient.* Paris, chez Challamel Aîné, 1870.

Bono (Salvatore), *Corsari nel Mediterraneo ; christiani e musulmani fra guerra, schiavitu e commercio.* Milano, Mondadori, 1993 ; rééd. 1997.

Bouabba (Yamilé), *Les Turcs au Maghreb central du 16éme au 19éme siècle.* Alger, SNED, 1972.

Boutin (Abel), *Les anciennes relations commerciales et diplomatiques de la France avec la Barbarie 1515-1830.* Paris, A. Pedone, 1902.

Boutin (Abel), *Les traités de paix et de commerce de la France avec la Barbarie 1515-1830.* Paris, A. Pedone, 1902.

Brahimi (Denise), *Opinions et regards des Européens sur le Maghreb aux XVIIe et XVIIIe siècles*, Alger, Société nationale d'édition et de diffusion, 1978.

Chaline (Olivier), *La mer et la France : quand les Bourbons voulaient dominer les océans.* Paris, Flammarion, collection « Au fil de l'histoire », 2016.

Charles-Roux (François), *France et Afrique du Nord avant 1830 ; les précurseurs de la conquête.* Paris, librairie Félix Alcan, 1932.

Chehrit (Kamel) Edit., *Les janissaires : origines et histoire des milices turques des provinces ottomanes et tout spécialement celle d'Alger.* Alger, Editions Grand-Alger Livres, 2005.

Chirat (Didier), *Vivre et mourir sur les galères du Roi-Soleil.* Paris, l'Ancre de Marine, 2007.

Coquelle (P.), *La mission de Jean-Baptiste de Cocquiel à Alger et à Tunis (1640), d'après des documents inédits.* Paris, Imprimerie nationale, 1906.

Courtinat (Roland), *La piraterie barbaresque en Méditerranée : XVIe-XIXe siècle.* Nice, éditions Jacques Gandini, 2003.

Even (Pascal), *Papiers du consulat de France à Alger ; inventaire analytique des volumes de correspondance du consulat de France à Alger, 1585-1798*. Paris, Imprimerie nationale, 1988.

Fisher (Godfrey), *Barbary Legend ; War, Trade and Piracy in North-Africa (1415-1830)*. Oxford, Oxford University press, 1957.

Fontenay (Michel), *La Méditerranée entre la croix et le croissant ; navigation, commerce, course et piraterie (XVIe-XIXe siècle)*. Paris, éditions classiques Garnier, 2010.

Fremont-Barnes (Gregory), *The War of the Barbary Pirates*. London, Osprey, 2006.

Gaïd (Mouloud), *L'Algérie sous les Turcs*. Tunis-Alger, Maison tunisienne de l'édition - Société nationale d'édition et de diffusion, 1975 ; réed. Alger, Editions Mimouni, s.d.

Garrot (Henri), *Histoire générale de l'Algérie*. Alger, Imprimerie Crescenzo, 1910.

Grammont (Henri-Delmas de), *Histoire du massacre des Turcs de Marseille en 1620*. Paris, H. Champion libraire,1879.

Grammont (Henri-Delmas de), *Etudes algériennes ; la course, l'esclavage et la rédemption à Alger*. Paris-Nogent-le-Rotrou, Imprimerie de Daupeley-Gouverneur, 1885.

Grammont (Henri-Delmas de), *Relations entre la France et la Régence d'Alger au XVIIe siècle*. Alger, Adolphe Jourdan libraire-éditeur, 1879-1880 ; réed. 1885 ; réed. : Saint-Denis, Editions Bouchène, 2010.

Grammont (Henri-Delmas de), *Histoire d'Alger sous la domination turque (1515-1830)*. Paris, Ernest Leroux éditeur, 1887 ; réed. : Saint-Denis, Editions Bouchène, 2002.

Grammont (Henri-Delmas de), *Correspondance des consuls d'Alger (1690-1742)*. Alger, A. Jourdan, 1890.

Haëdo (Fray Diego de), *Histoire des rois d'Alger*. Alger, Adolphe Jourdan, 1881 ; réed. : Saint-Denis, Editions Bouchène, 2010.

Hiély (Philippe), *XVIIe siècle, l'âge d'or de la piraterie en Méditerranée*. Marseille, Comité du Vieux Marseille, 1996.

Hulot (Frédéric), *Duquesne, « le cent diables »*. Paris, Pygmalion, 1996.

Jal (Augustin), *Abraham Du Quesne et la marine de son temps*, Paris, Henri Plon, 1873.

Julien (Charles André), *Histoire de l'Afrique du Nord (de la conquête arabe à 1830)*, Paris, Payot, 1952.

Kaddache (Mahfoud), *L'Algérie des Algériens*. Alger, EDIF2000, 1982 ; rééd. 2009.

Kaddache (Mahfoud), *L'Algérie durant la période ottomane*. Alger, Office des publications universitaires, 1998.

Khiari (Farid), *Vivre et mourir en Alger ; l'Algérie ottomane aux XVIe-XVIIe siècles, un destin confisqué*. Paris, L'Harmattan, 2002.

La Primaudaie (F. Hélie de), *Le commerce et la navigation de l'Algérie avant la conquête française*. Paris, librairie de Challamel aîné, 1860.

La Roncière (Charles de), *Le bombardement d'Alger en 1683, d'après une relation inédite*. Paris, Imprimerie nationale, 1916.

Masson (Paul), *Histoire des établissements et du commerce français dans l'Afrique barbaresque (1560-1793)*. Paris, Hachette, 1903.

Masson (Paul), *Les Compagnies du Corail ; étude historique sur le commerce de Marseille au XVIe siècle et les origines de la colonisation française en Algérie-Tunisie*. Paris-Marseille, Fontemaing-Barlatier, 1908.

Merouche (Lemnouar), *Recherches sur l'Algérie à l'époque ottomane, II : La course, mythes et réalités*. Saint-Denis, Editions Bouchène, 2007.

Misermont (abbé Lucien), *Le double bombardement d'Alger par Du Quesne et la mort du consul Le Vacher*. Paris, A. Picard, 1905.

Misermont (Lucien C. M.), *Le plus grand des premiers missionnaires de saint Vincent de Paul, Jean Le Vacher, prêtre de la Mission, vicaire apostolique et consul de France à Tunis et à Alger, mort à la bouche du canon, le 28 juillet 1683*. Paris, J. Gabalda, 1935.

Monchicourt (Charles), *L'expédition de Djidjelli, 1664*, Paris, L. Baudoin, 1898.

Monlaü (Jean), *Les Etats barbaresques*. Paris, Presses universitaires de France, collection : « Que sais-je ? », 1974.

Ould Cadi Montebourg (Leïla), *Alger : une ville turque au temps de l'esclavage*. Montpellier, Presses universitaires de la Méditerranée, 2006.

Peter (Jean), *Les barbaresques sous Louis XIV : le duel entre Alger et la Marine du Roi (1681-1698)*. Paris, Institut de stratégie comparée, collection « Hautes études maritimes », n° 10/Economica, 1997.

Plantet (Eugène) Edit., *Correspondance des deys d'Alger avec la Cour de France 1579-1833*, Paris, Félix Alcan, 1889.

Plantet (Eugène), *Les Consuls de France à Alger avant la Conquête 1579-1830*. Paris, Messageries Hachette, 1930.

Poumarède (Géraud), *Pour en finir avec la Croisade : Mythes et réalités de la lutte contre les Turcs aux XVIe et XVIIe siècles*. Paris, Presses universitaires de France, 2009.

Rotalier (Charles de), *Histoire d'Alger et de la piraterie des Turcs dans la Méditerranée à dater du seizième siècle*. Paris, chez Paulin libraire-éditeur, 1841.

Rouard de Card (Edgar), *Traités conclus entre la France et la Régence d'Alger au XVIIe siècle*. Alger, A. Jourdan, 1885.

Spencer (William), *Algiers in the Age of the Corsairs*, Norman, University of Oklahoma press, 1976.

Sue (Eugène) Edit., *Correspondance de Henri Escoubleau de Sourdis*. Paris, de l'Imprimerie de Crapelet, 1839.

Touati (Ismet), *Le commerce du blé entre l'Algérie et la France, XVIe-XIXe siècles*. Saint-Denis, éditions Bouchène, 2018.

Turbet-Delof (Guy), *L'Affaire de Djidjelli (1664) dans la presse française du temps*. Bordeaux, Taffard, 1968.

Turbet-Delof (Guy), *La presse périodique française et l'Afrique barbaresque au XVIIe siècle (1611-1715)*. Genève, Droz, 1973.

Verger-Franceschi (Michel) et Graziani (Antoine-Marie) Edit., *La guerre de course en Méditerranée (1515-1830)*, Paris-Ajaccio, Presses de l'Université de Paris Sorbonne- Editions Alain Piazzola, 2003.

Weber (André Paul), *Régence d'Alger et royaume de France (1500-1800) ; trois siècles de luttes et d'intérêts partagés*. Paris, L'Harmattan, collection « Histoire et perspectives méditerranéennes », 2014.

Windler (Christian), *La diplomatie comme expérience de l'autre ; consuls français au Maghreb (1700-1840)*. Genève, Droz, 2002.

Wolf (John B.), *The Barbary Coast ; Algiers under the Turks, 1500 to 1830*. New York, Norton, 1979.

Zappia (Andrea), *Mercanti di uomini ; reti e intermediari per la liberazione dei captivi nel Mediterraneo*. Genova, Città del silenzio edizioni, 2018.

Zysberg (André), *Les galériens ; vies et destins de 60 000 forçats sur les galères de France 1680-1748*. Paris, le Seuil, 1987.

Zysberg (André), *Marseille au temps du Roi-Soleil : la ville, les galères, l'arsenal*. Marseille, Jeanne Laffitte, 2007.

Articles et chapitres d'ouvrages

Arnoulet (François), D'Ogier Sorhainde à Mathieu de Lesseps, *Revue d'histoire maghrébine*, vol. 16, 1989, n° 53-54, pp. 13-28.

Ayme (Olivia), « Le dialogue de Genes et d'Algers » de G. P. Marana, outil de propagande au service de l'hégémonie française en Méditerranée, *Cahiers de la Méditerranée*, n° 86, 2013, pp. 65-73.

Belhamissi (Moulay), Course et contre-course en méditerranée, ou comment les algériens tombaient en esclavage (XVIe siècle-1er tiers du XIXe siècle), *Cahiers de la Méditerranée*, n° 65, 2002, pp. 53-67.

Bérenger (Jean), Les vicissitudes de l'alliance militaire franco-turque (1520-1800), *Revue internationale d'histoire militaire*, n° 68, 1987, pp. 7-44 et 51-66.

Billioud (Joseph), Les troubles d'Alger et la rédemption des esclaves en 1645, d'après un manuscrit marseillais, *Mémoires de l'Institut historique de Provence*, vol. X, 1928, pp. 87-107.

Bonet-Maury (G.), La France et la rédemption des esclaves en Algérie à la fin du XVIIe siècle, *Revue des Deux-Mondes*, tome 35, 1906, pp. 898-923.

Bono (Salvatore), Fornitore dall'Italia di schiavi musulmani per le galere francesi (1685-1693), *Annali della Facolta di Scienze Politiche dell'Universita di Cagliari*, vol. IX, 1983, pp. 83-97.

Bono (Salvatore), Le Maghreb dans l'histoire de la Méditerranée à l'époque barbaresque (XVIe siècle - 1830), *Africa*, vol. LIV, 1999, pp. 182-192.

Bousquet (Georges Henri) et Bousquet-Mirandolle (Gertrude Wilhemine), Thomas Hees ; journal d'un voyage à Alger (1675-1676), *Revue africaine*, n° 101, 1957, pp. 85-128.

Boyer (Pierre), La chiourme turque des galères de France de 1665 à 1687, *Revue des Mondes musulmans et de la Méditerranée*, n° 6, 1969, pp. 53-74.

Boyer (Pierre), Des Pachas Triennaux à la révolution d'Ali Khodja Dey (1571-1817), *Revue historique*, vol. 244, 1er janvier 1970, pp. 99-124.

Boyer (Pierre), La révolution dite des « Aghas » dans la régence d'Alger (1659-1671), *Revue des mondes musulmans et de la Méditerranée*, n° 13-14, 1973, pp. 79-94.

Boyer (Pierre), Navigation et gens de mer français à Alger à la fin du XVIIe siècle, in : *Navigation et gens de mer en Méditerranée, de la préhistoire à nos jours*, Paris, *Cahiers de la Maison de la Méditerranée*-CNRS, 1980, pp. 84-92.

Busquet (Raoul), Les origines du consulat de la nation française à Alger, *Mélanges de l'Institut historique de Provence*, n 74, 1927, pp. 5-15.

Calafat (Guillaume), *Ottoman North Africa and ius publicum europeanum ; the case of the treaties of peace and trade (1600-1750)*, *in* : Alimento (Antonella) Edit., War, trade and neutrality ; Europe and the Mediterraean in the seventeenth and eighteenth centuries, Milano, FrancoAngeli, 2011, pp. 171-187.

Calafat (Guillaume), Les interprètes de la diplomatie en Méditerranée ; traiter à Alger (1670-1680), in : Dakhlia (Jocelyne) et Kaiser (Wolfgang), Edit., *Les Musulmans dans l'histoire de l'Europe*. Paris, Albin Michel, 2013, tome 2, pp. 371-410.

Contamine (Philippe), Un contrôle étatique croissant ; les usages de la guerre du XIVe au XVIIIe siècle : rançons et butins, *in* : Contamine (Philippe) Edit., *Guerres et commerce entre les Etats européens du XIVe au XVIIIe siècle*. Paris, Presses universitaires de France, 1998, pp. 199-236.

Fontenay (Michel), La place de la course dans l'économie portuaire : l'exemple de Malte et des ports barbaresques, *Annales ESC*, novembre-décembre 1988, pp. 1321-1347.

Fontenay (Michel), Routes et modalités du commerce des esclaves dans la Méditerranée des temps modernes (XVIe, XVIIe et XVIIIe siècle) *Revue historique*, 2006, n 4, pp. 813-830.

Fontenay (Michel), Course et piraterie méditerranéennes de la fin du Moyen Age au début du XIXe siècle, *Revue d'histoire maritime*, 2006, n° 6, pp. 173-228.

Gheziel (Abla), Captifs et captivité dans la régence d'Alger (XVIIe-début XIXe siècle), *Cahiers de la Méditerranée*, n° 87, 2013, pp. 77-89.

Grammont (Henri-Delmas de), Un épisode diplomatique à Alger au XVIIe siècle, *Revue africaine*, tome XXVI, 1882, pp. 130-138.

Heywood (Colin), A « Forgotten Frontier » ? Algiers and the Maritime Frontier from the French Bombardment (1682) to the Algiers Earthquake, *Revue d'histoire maghrébine, n° 31, 2004, pp. 35-50.*

Kaiser (Wolfgang), Négocier la liberté ; missions diplomatiques françaises pour l'échange et le rachat des captifs avec le Maghreb au

XVIIᵉ siècle, *in* : Moatti (Claudia), Edit., *La mobilité des personnes en Méditerranée ; procédures de contrôle et documents d'identification*. Rome, Ecole française de Rome, 2004, pp. 501-528.

Kaiser (Wolfgang), Echanges non coopératifs en Méditerranée ; le rachat des captifs aux XVIᵉ et XVIIᵉ siècles, *in* : Boubaker (Sadok) et Zysberg (André) Edit., *Contraintes et libertés dans les sociétés méditerranéennes aux époques modernes et contemporaines, XVIᵉ-XVIIᵉ siècles*. Tunis, Faculté des sciences humaines et sociales - Caen, Université de Caen, 2007, pp. 163-174.

Kaiser (Wolfgang), Suspendre le conflit : pratiques de neutralisation entre chrétiens et musulmans en Méditerranée (XVIᵉ-XVIIᵉ siècles), *in* : Chanet (Jean-François) et Windler (Christian), Dir., *Les ressources des faibles : neutralité, sauvegarde, accommodements en temps de guerre (XVIᵉ-XVIIIᵉ siècles)*. Rennes, Presses universitaires de Rennes, 2009, pp. 277-290.

Kaiser (Wolfgang) et Calafat (Guillaume), The Economy of Ransoning in the Early Modern Mediterranean, in : Trivellato (Francesca), Halevi (Leor) and Antunes (Catia) Edit., *Religion and Trade ; Cross-cultural Exchanges in World History, 1000-1900*. Oxford, Oxford University press, 2014, pp. 108-130.

Loualich (Fatiha), In the regency of Algiers : The Human Side of the Algerine Corso, *in* : Fusaro (Maria), Heywood (Colin) and Omri (Mohamed Salah) Edit., *Trade and Cultural Exchange in the Early Modern Mediterranean ; Braudel's Maritime Legacy*. London, Tauris, 2010, pp. 69-96.

Mathiex (Jean), Trafic et prix de l'homme en Méditerranée aux XVIIᵉ et XVIIIᵉ siècles, *Annales ; Economie, Sociétés, Civilisations*, 1954, n 9, pp. 157-164.

Maurin (Georges), Les pirates barbaresques et le commerce français aux XVIIᵉ et XVIIIᵉ siècles, *Revue du Midi*, 1887, pp. 97-112.

Monchicourt (Charles), L'expédition de Djidjelli (1664), *Revue maritime*, année 1898, tome 137, pp. 464-492, et tome 138, pp. 41-71.

Poumarède (Géraud), Négocier près la Sublime Porte ; jalons pour une nouvelle histoire des capitulations franco-ottomanes, *in* : Bely (Lucien) Dir., *L'invention de la diplomatie : Moyen Age-Temps modernes*. Paris, Presses universitaires de France, 1988, pp. 71-85.

Poumarède (Géraud), Naissance d'une institution royale : les consuls de la nation française en Levant et en Barbarie aux XVIᵉ et

XVIIe siècles, *Annuaire-bulletin de la Société d'histoire de France*, année 2001, 2003, pp. 65-128.

Poumarède (Géraud), La France et les Barbaresques ; police des mers et relations internationales en Méditerranée (XVIe-XVIIe siècles), *Revue d'histoire maritime*, 2005, n° 4, pp. 117-146.

Turbet-Delof (Guy), L'affaire de Djidjelli (1664) dans la presse du temps, *Bulletin de la société des bibliophiles de Guyenne*, n° 88, juillet-décembre 1968, pp. 150-165.

**Traité de paix et de commerce
du 25 avril 1684**
publication officielle originale

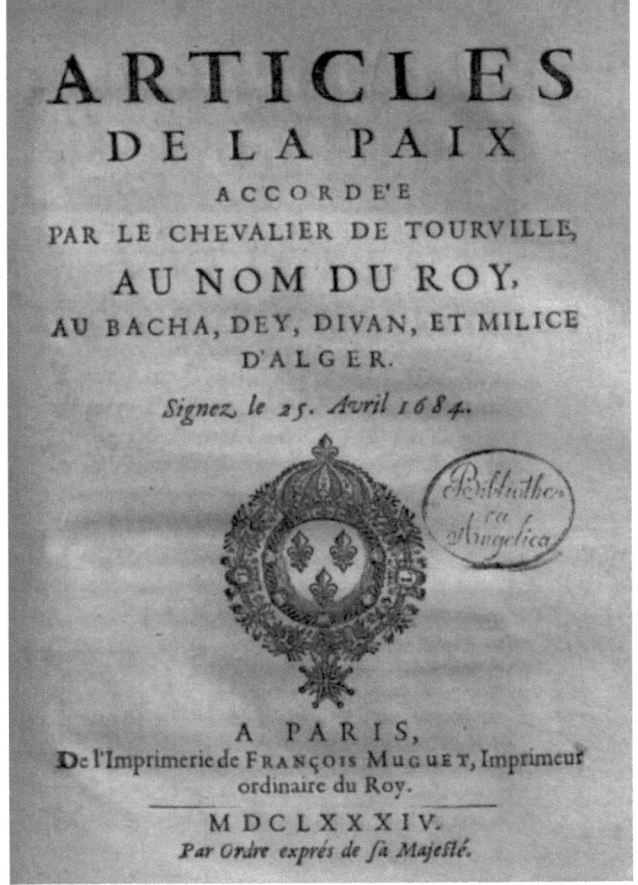

Mezomorto, Daÿ à Alger
Andreas-Matthaüs Wolfgang del., Aug. Vind sculpt., 1687

Abraham du Quesne
Edelinck sculp., s.l.n.d. (4ᵉ quart du XVIIᵉ siècle)

Liste des tableaux

Tab. 1 - Les attaques documentées d'Alger de 1601 à 1830	8
Tab. 2 - Les galiotes à bombes engagées dans les bombardements d'Alger	29
Tab. 3 - Performances des galiotes à bombes lors des bombardements d'Alger	29
Tab. 4 - Les *agha* et *dey* d'Alger de 1661 à 1715	35
Tab. 5 - Les consuls de France à Alger de 1655 à 1717	45
Tab. 6 - Les capitaines-gouverneurs du Bastion-de-France de 1661 à 1715	60
Tab. 7 - Traités de paix et de commerce entre la France et les états barbaresques d'Afrique du Nord de 1619 à 1713	63
Tab. 8 - Traités de paix et de commerce entre la régence d'Alger et les principaux états européens de 1619 à 1698	64
Tab. 9 - Traités de paix, de commerce et de concession du Bastion-de-France entre la France et la régence d'Alger de 1661 à 1715	69
Tab. 10 - Les vaisseaux partis avec l'escadre de Gigeri	91
Tab. 11 - Les galères françaises de l'escadre de Gigeri	92
Tab. 12 - Détachement militaire de Martel en renfort de l'escadre de Gigeri	100
Tab. 13 - Etat de la flotte de la régence d'Alger en 1680	121
Tab. 14 - L'escadre de l'expédition d'Alger de 1682	126
Tab. 15 - Les escadres de Duquesne de 1682 et 1683	132
Tab. 16 - Les vaisseaux engagés dans l'expédition de 1683	133
Tab. 17 - Forces corsaires d'Alger au début 1688	156
Tab. 18 - Moyens employés lors des divers bombardements français d'Alger	158

Les deux faces de la médaille

vue de France : *Africa supplex, confecto bello piratico*
« L'Afrique suppliante à l'achèvement de la guerre contre les pirates »
Louis XIV, en empereur romain, reçoit la soumission implorée de la régence
d'Alger ; médaille française commémorative de la paix
avec Alger, par Jean Mauger, 1684.

vue des Provinces Unies : *Se ipsissimo Imp : Gallic.,*
Necessitati ne quidem dii resistunt
« L'empereur de France lui-même (se fait exploser) ; à la nécessité,
même les dieux ne résistent pas », médaille montrant Louis XIV humilié
par la paix avec Alger et la restitution d'Avignon au pape ; le roi de France est
figuré agenouillé cul nu recevant un lavement du pape et vomissant des pièces d'or
dans une bassine tenue par le *dey* d'Alger, 1689.

Table des matières

Punir la régence d'Alger	**7**
Chapitre 1 - A corsaire, corsaire-et-demi	**13**
La course barbaresque	13
La montée en puissance de la Royale	23
Captifs à Alger, chiourme à Marseille	30
Chapitre 2 - Sous la régence d'Alger	**33**
Le pouvoir à Alger	33
Etranges affaires étrangères	39
Les Français à Alger	43
Chapitre 3 - Faire la police du commerce	**51**
Heurs et malheurs du Bastion-de-France	51
A quoi servent les traités ?	62
A quoi servent les croisières ?	74
Chapitre 4 - S'installer en Barbarie	**79**
S'y mettre, mais où ?	79
Gigeri : autopsie d'un désastre	90
Serselle : quelle revanche ?	107
Chapitre 5 - Bombarder la ville	**119**
Le bombardement de 1682	120
Le bombardement de 1683	132
La paix de 1684	142
Chapitre 6 - Après la guerre, la paix ?	**153**
La descente de 1688	154
La paix de 1689 questionnée	162
Le début de la fin de la course	167
Guerre ou paix, ou les deux à la fois ?	**177**
Bibliographie	183
Liste des tableaux	197

Partie de la Barbarie, ou est le Royaume d'Alger
gravure peinte, par N. Sanson d'Abbeville, Paris, s.ed., 1683.

Structures éditoriales du groupe L'Harmattan

L'Harmattan Italie
Via degli Artisti, 15
10124 Torino
harmattan.italia@gmail.com

L'Harmattan Hongrie
Kossuth l. u. 14-16.
1053 Budapest
harmattan@harmattan.hu

L'Harmattan Sénégal
10 VDN en face Mermoz
BP 45034 Dakar-Fann
senharmattan@gmail.com

L'Harmattan Congo
219, avenue Nelson Mandela
BP 2874 Brazzaville
harmattan.congo@yahoo.fr

L'Harmattan Cameroun
TSINGA/FECAFOOT
BP 11486 Yaoundé
inkoukam@gmail.com

L'Harmattan Mali
ACI 2000 - Immeuble Mgr Jean Marie Cisse
Bureau 10
BP 145 Bamako-Mali
mali@harmattan.fr

L'Harmattan Burkina Faso
Achille Somé – tengnule@hotmail.fr

L'Harmattan Guinée
Almamya, rue KA 028 OKB Agency
BP 3470 Conakry
harmattanguinee@yahoo.fr

L'Harmattan Togo
Djidjole – Lomé
Maison Amela
face EPP BATOME
ddamela@aol.com

L'Harmattan RDC
185, avenue Nyangwe
Commune de Lingwala – Kinshasa
matangilamusadila@yahoo.fr

L'Harmattan Côte d'Ivoire
Résidence Karl – Cité des Arts
Abidjan-Cocody
03 BP 1588 Abidjan
espace_harmattan.ci@hotmail.fr

Nos librairies en France

Librairie internationale
16, rue des Écoles
75005 Paris
librairie.internationale@harmattan.fr
01 40 46 79 11
www.librairieharmattan.com

Librairie des savoirs
21, rue des Écoles
75005 Paris
librairie.sh@harmattan.fr
01 46 34 13 71
www.librairieharmattansh.com

Librairie Le Lucernaire
53, rue Notre-Dame-des-Champs
75006 Paris
librairie@lucernaire.fr
01 42 22 67 13